増税地獄

増負担時代を生き抜く経済学

森永卓郎

角川新書

はじめに

いま、インフレが大きな関心事になっている。資源価格が高騰し為替《かわせ》レートが大幅に円安になっているからだ。モノやサービスの価格が急上昇して私たちの生活を圧迫している。しかし、今回の物価高は、2023年1～3月期には落ち着き、**〝再びデフレがやってくる〟**と私は考えている。

その中で政府が増税をしてくることは間違いなく、日本国民は**デフレで給料が上がらず増税で負担が増える**、二重苦に襲われることになるだろう。社会保険料などの増負担もさらに行われるだろう。

そして、経済は恐慌に陥る可能性が高い。

恐慌など、そう簡単に起きるものではない、と思っている人も多いかもしれないが、そんなことはない。1930年の昭和恐慌ほどの規模ではないにしても、小さな恐慌は繰り返し起きている。

直近では2008年のリーマン・ショックの後に起きた。このときは多くの派遣労働者が契約を切られて仕事を失った。東京都千代田《ちよだ》区の日比谷《ひびや》公園に「年越し派遣村」ができたことを記憶している人も多いだろう。

恐慌のときにもっとも影響を受けるのは、賃金労働者、つまり資本の奴隷たちだ。今回の恐慌でも日々の生活のために低賃金で必死に働いている人たちがとんでもない被害を受けることになるはずだ。

自称〝勝ち組〟の人たちも大変なことになる。

昭和恐慌では4人に1人が失業した。夫婦で莫大《ばくだい》なローンを組んでタワーマンション（タワマン）などを買っているような人は、どちらかが失業しただけで追い詰められることになる。株式投資だけで生計を立てている超富裕層は、もっと深刻だ。**彼らの資産が大暴落するからだ。**

そんな事態になることを想定し、わが家＝森永《もりなが》家はいろいろと備え、社会実験を繰り返してきた。**自産自消を進めてきたのだ。その結果、恐慌がやってきたとしても生活は何も**

困らないことがわかった。

畑に行けば食べ物はあるし、電気は太陽光パネルが発電してくれる。仮に水道が止まっても、近くの農家には井戸がある。

恐慌がくれば、ディズニーランドのようなエンタメ施設には行けなくなるかもしれないが、私には博物館（50年間集めてきたミニカーをはじめとした私のコレクション約12万点を展示するB宝館《ほうかん》のこと）も畑もある。私は妻にいつもこう言われている。

「あんたはいいわよね。自分の好きなことだけやって、博物館に行っておもちゃをいじって、畑に行ってどろんこ遊びして、小学生の子どもと一緒じゃん」

その通りだ。小学生と同じで毎日が楽しい。

いま私はテレビやラジオなどの仕事のほかに大学で教授として職を得ているが、仮に大学を解雇されたとしても困ることはない。クビになれば、給付制限を受けている年金を受け取ることができるからだ。

よって私は、恐慌への備えはなんとかなると思っている。しかし、**多くの人は多大なる影響を受け、破綻《はたん》に追い込まれる可能性がある。**

これから何が起こるのかをしっかりと見極めて、生活防衛手段を講じることをお勧めする。本書がその判断材料になれば著者として幸いだ。

本書では、わが家の社会実験の結果も紹介していく。低コストで生きていける生活基盤作りの参考としていただきたい。

2023年1月

森永卓郎《もりながたくろう》

目次

第1章　重税国家ニッポン

■国民負担率は48％まで増えている

日本では**国民負担率がジリジリと上昇している。**まずはその現状から確認しておきたい。**国民負担率とは、所得に対して税金や社会保障費をどれだけ支払っているかを示す数値だ。**

実際に見てみよう。図1－1は財務省が公表している国民負担率の推移だ。

1970年度には租税負担18・9％と社会保障負担5・4％で国民負担率は合計で24・3％だった。大雑把に言えば、10万円を稼ぐと、税金と社会保険料で2万4300円が徴収され、手元に残るのは7万5700円だった。

それが2021年度になると、租税負担が28・7％、社会保障負担が19・3％で**国民負担率は48・0％まで増えている。**10万円を稼ぐと、税金と社会保険料で4万8000円が徴収され、手元に残るのは5万2000円ということになる。

どんなに一生懸命働いても、実に半額近くは国や自治体に強制的に徴収されてしまうのが現状だ。しかもこれは国全体の平均だから、年収や家族構成によって負担率は異なる。国民負担率でみれば、**金持ちよりも庶民のほうが高い負担を強いられている。**

図1－1●国民負担率は50%に近い

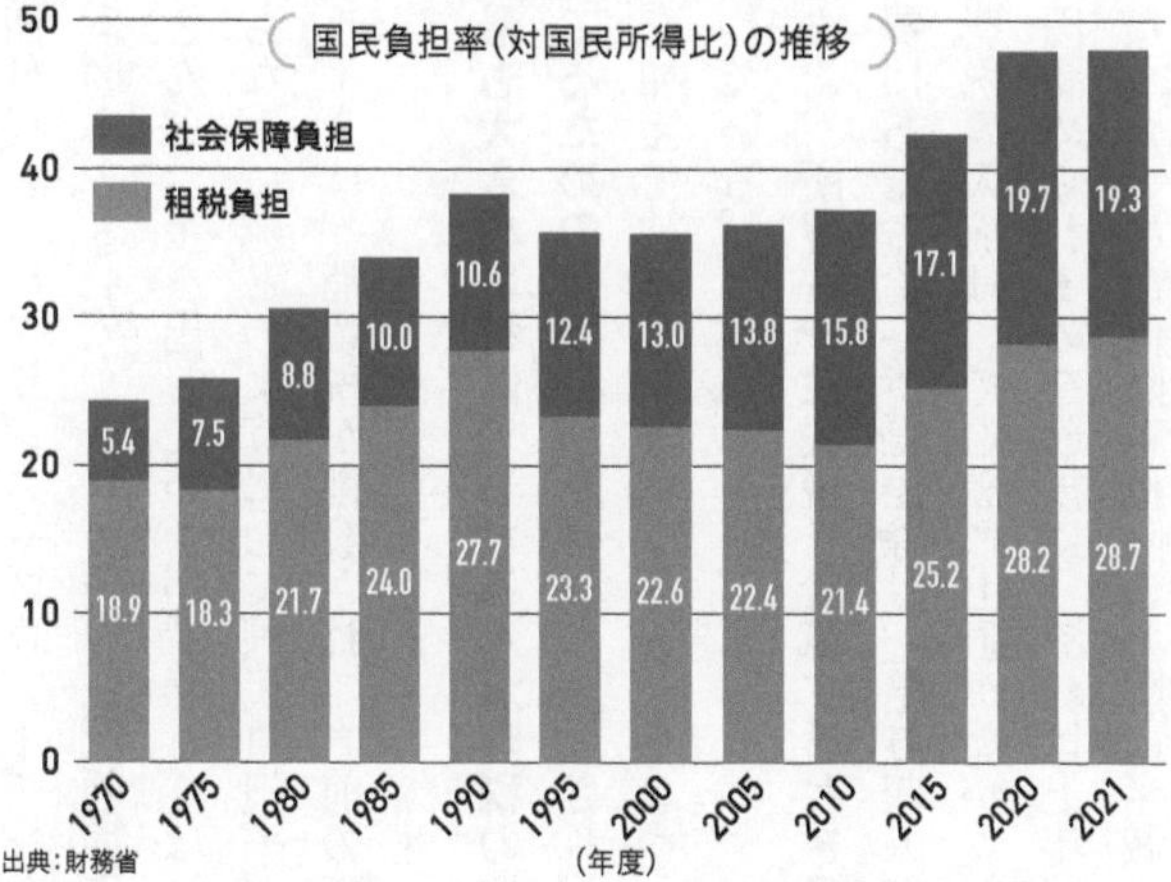

出典：財務省

図1－2●最も国民負担が少ないのはアメリカ

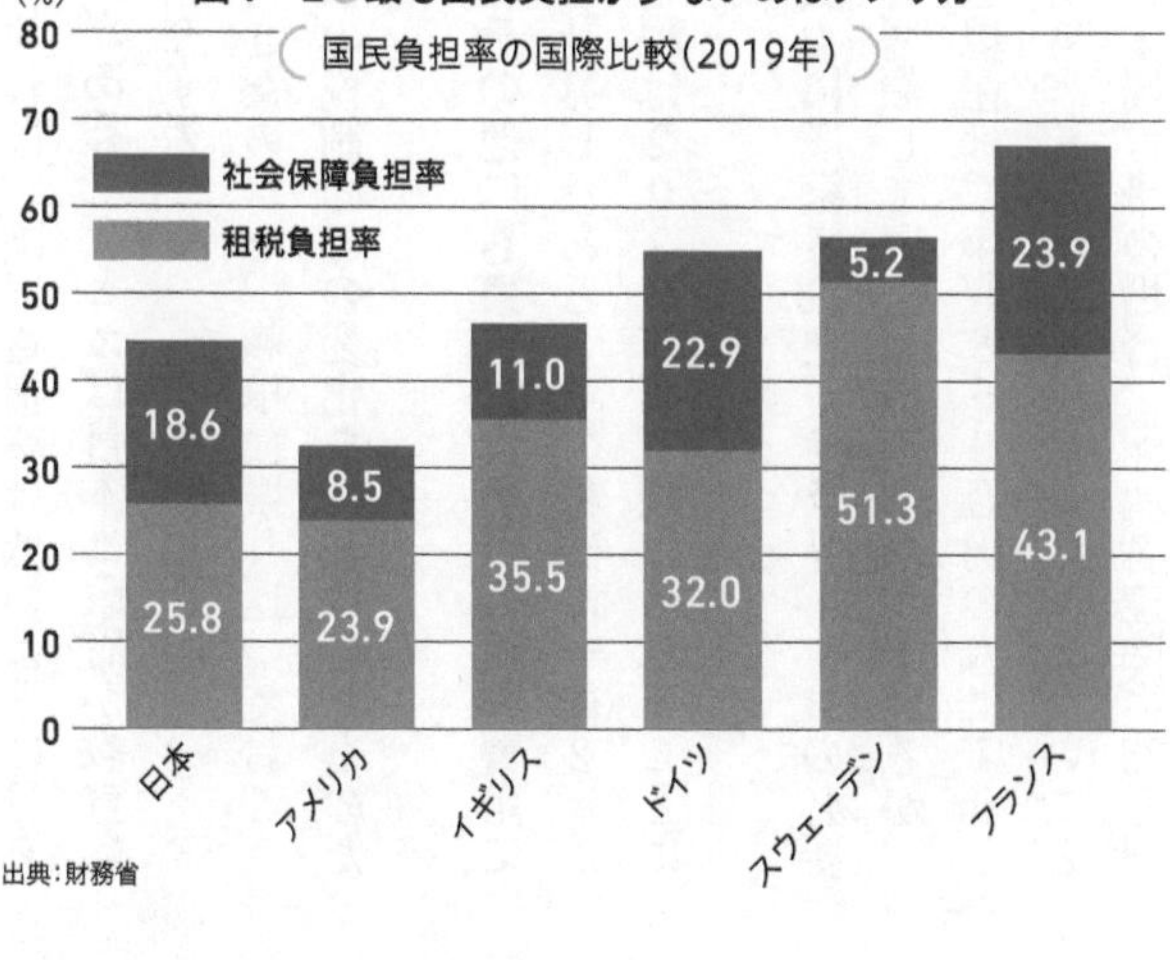

出典：財務省

海外、とくにフランスやスウェーデンなどと比較すれば、国民負担率は低いように見える（図1－2）が、それは**給付との関係をみる必要がある。**たとえば日本は政府が教育にほとんどお金を出していない。詳しくはのちほど紹介する。

ちなみに、どのようにして国民負担率が上がってきたのかを、簡単に振り返っておこう。図1－3は、消費税が創設される直前の時点と現在の税制面での変化を一覧にしたものだ。

最も大きな増税は、もちろん消費税の増税だが、その他にも東日本大震災の復興費用に充てるための復興特別所得税が創設され、所得税を計算したあと、その税額に一律2・1%を加えて納税しなければならなくなった。**この増税は2037年まで続けられる**ことになっている。

また、**所得税や住民税を計算するときの控除も次々に圧縮された。**サラリーマンの必要経費にあたる給与所得控除は、給与収入が増えると増額していく仕組みになっているが、消費税導入前は、控除額に上限がなかった。しかし現在は、年収850万円の人に195万円認められるのを最後に、それ以上年収が増えても、給与所得控除は一切増えないことになった。生命保険料控除の上限は半減した。専業主婦世帯の場合、配偶者控除に38万円

図1－3●増税・増負担リスト

〔消費税導入前と現在の税制の変化〕

	消費税導入前（1988年度）		現在（2022年度）
消費税	0	▶	10%
復興特別所得税	0	▶	所得税の2.1%
給与所得控除	上限なし	▶	年収850万円で上限の195万円
生命保険料控除	上限10万円	▶	上限5万円
配偶者控除	所得制限なし	▶	合計所得1000万円超は適用なし
専業主婦特別控除	配偶者控除に38万円加算	▶	廃止
相続税基礎控除	5000万円	▶	3000万円

〔社会保障負担の変化〕

		消費税導入前（1988年度）		現在（2022年度）
医療	健康保険保険料	8.30%	▶	10.00%
医療	サラリーマン窓口負担	1割	▶	3割
医療	後期高齢者医療保険料（月額）	なし	▶	6472円
医療	後期高齢者の窓口負担	800円	▶	医療費の1割～3割
年金	厚生年金保険料	12.4%	▶	18.3%
年金	国民年金保険料（月額）	7700円	▶	1万6590円
年金	厚生年金支給開始年齢	60歳	▶	65歳
年金	国民年金満額給付（月額）	5万2208円	▶	6万4816円
年金	国民年金満額給付（現在価値）（月額）	6万1711円	▶	6万4816円
福祉	介護保険料（現役）	なし	▶	1.64%
福祉	介護保険料（高齢者）（月額）	なし	▶	6014円
福祉	障碍者福祉サービスの自己負担	応能負担（9割は無償）	▶	1割負担

が加算されていた専業主婦特別控除は廃止され、配偶者控除自体も所得が1000万円を超えると、適用されなくなったのだ。

相続税も大幅に増税された。消費税創設前は、基礎控除が5000万円と相続人1人当たり1000万円の控除があったから、庶民に相続税がかかることは、ほとんどなかった。ところが現在は、控除が一律4割カットになったため、大都市に住宅を保有している人を中心に、相続税の納税をしなければならない人が増えている。

また、**社会保険のほうでは、もっと深刻な事態が生じている。**医療については、サラリーマンの支払う健康保険保険料は、消費税導入以前は収入の8・3%だったが、現在は10・0%まで上がっている。保険料が大幅に上がったのに、窓口で支払う金額は医療費の1割から3割に増額されている。後期高齢者が支払う医療保険料も、消費税導入前はそもそも制度自体がなかったのに対して、現在は平均で月額6472円の負担が生じている。また、後期高齢者が医療機関を受診した際の自己負担は、800円の定額から、所得に応じて医療費の1割から3割が徴収されている。

厚生年金の保険料は収入の12・4%から18・3%へと大幅に上がっている。国民年金の保険料も月額７７００円から1万６５９０円へと大幅に上がっている。一方で年金の支給開始年齢は、60歳から65歳へと繰り延べられている。国民年金保険料を満額納付した場合の年金額は、月額5万２２０８円から6万４８１６円に増えているが、これは物価が上昇したからで、実質的な給付はほとんど変わっていない。

一方、福祉に関しては、存在しなかった介護保険制度が創設され、現役世代は、１・６４％の保険料が徴収されるようになった。高齢者も負担がなかったのが、平均で毎月６０１４円を負担するようになっている。障碍《しょうがい》者福祉サービスを利用する場合の自己負担も、実質無料だったのが、１割負担となっている。

つまりこの30年あまりの日本の社会保障は、負担が大きく増える一方で、給付は据え置きか、削減されるという形になっているのだ。

■２００４年に年金は積立方式ではなくなった

「社会保険料は、税金とは違う」と考えている人もいるかもしれないが、**いまや税と社会**

保険料は完全に一体化している。

社会保険料は確定申告のときに、所得から差し引くことができる。税金は差し引くことができないので、この部分は確かに異なる。ただ、それ以外は社会保険料も税金も何ら変わらない。

社会保障費には年金保険料や健康保険料が含まれる。たとえば年金について政府は2004年まで、「修正積立方式」だと言っていた。

「あなたが支払う社会保険料は税金とは違います。保険料として支払った分は、あなたに返ってきますから、未納にせずにしっかり払ってくださいね」

という主張をしてきたわけだ。

ところが、2004年にマクロ経済スライド(図1-4)を導入した途端に「賦課方式」だと言い出した。

「あなたが支払う保険料はそのまま今のお年寄りに年金として支払われています。別に積み立てているわけではありません」と。態度をガラッと変えたのだ。

図1-4●年金額の決定

マクロ経済スライドとは

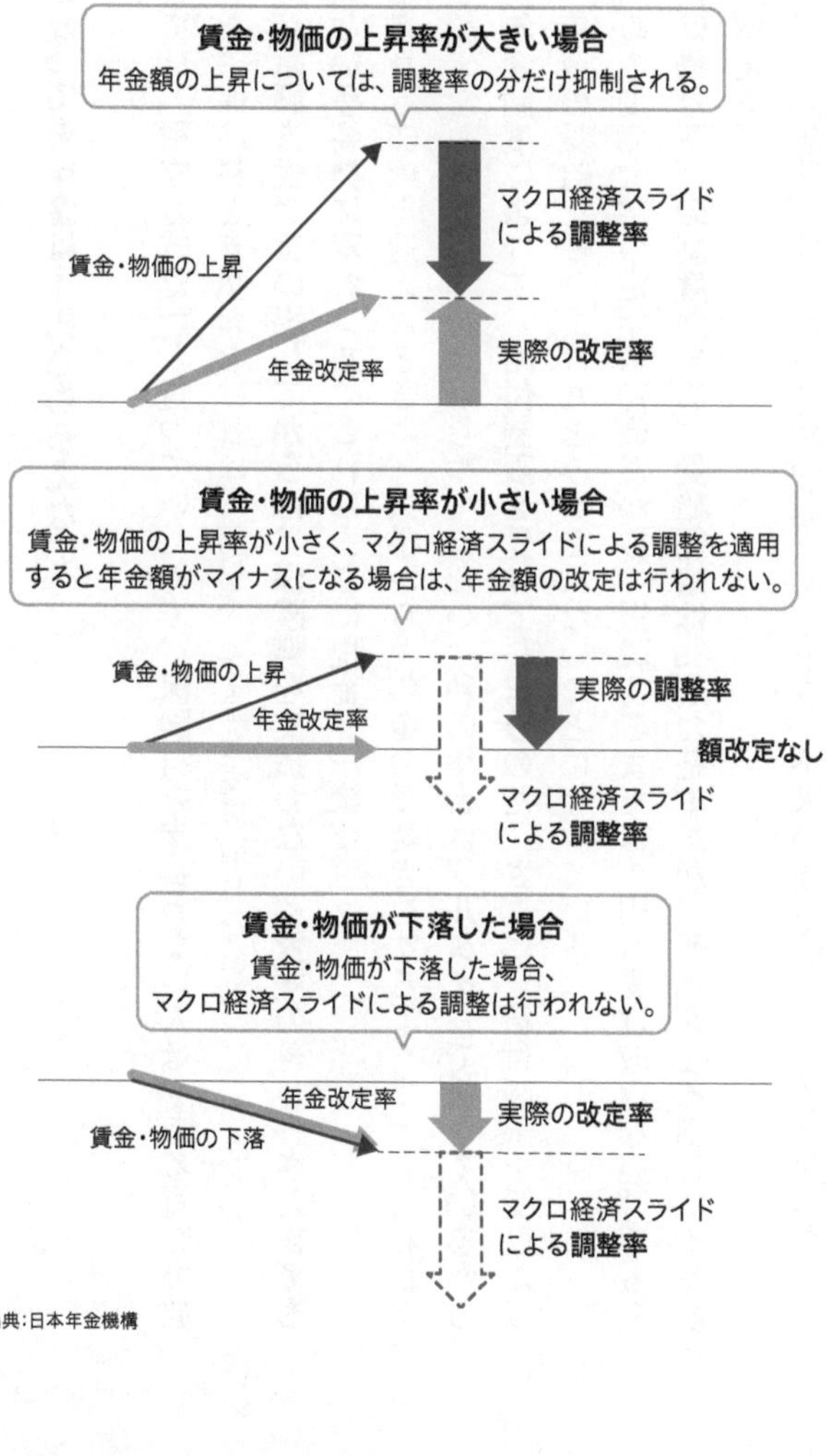
賃金・物価の上昇率が大きい場合
年金額の上昇については、調整率の分だけ抑制される。
マクロ経済スライドによる調整率
賃金・物価の上昇
実際の改定率
年金改定率
賃金・物価の上昇率が小さい場合
賃金・物価の上昇率が小さく、マクロ経済スライドによる調整を適用すると年金額がマイナスになる場合は、年金額の改定は行われない。
賃金・物価の上昇
実際の調整率
年金改定率
額改定なし
マクロ経済スライドによる調整率
賃金・物価が下落した場合
賃金・物価が下落した場合、マクロ経済スライドによる調整は行われない。
年金改定率
実際の改定率
賃金・物価の下落
マクロ経済スライドによる調整率

出典:日本年金機構

■65歳になっても年金は1円ももらえない

　それまでは「積立方式だ」と言っていたので、保険料を支払わない人は、ある意味で放置していた。保険料を支払わなければ、「将来、年金を受け取れないだけ」だからだ。

　ところが**賦課方式と言い出してからは、保険料を支払わないと資産の差し押さえまでも辞さないという姿勢に変わった。**これはまさに税金と一緒だ。

　実は私自身も65歳を迎えたときに、大学から「年金の手続きをするように」と言われた。実際に手続きをしたが、年金はもらっていない。**私の場合はフルタイムで働いているから、在職老齢年金制度によって、給付制限を受けてしまう**のだ。さらに、給付制限を受けた場合には、年金の受給を繰り下げたとみなされないことになっている。

　私が勤める獨協大学の定年は70歳だから、退職するまでは1円も受け取れない。そもそも**年金には繰り下げの制度がある。受給開始は65歳が基本だが、それを後ろ倒しにすると受給額が増える。**

　たとえば5年遅らせて70歳受給開始にすると、本来の受給額の142％になる。

図1－5●年金を繰り下げると受給額が増える

〔繰り下げた場合の受給率〕

開始年齢	受給率
66	**108.4%**
67	**116.8%**
68	**125.2%**
69	**133.6%**
70	**142.0%**
71	**150.4%**
72	**158.8%**
73	**167.2%**
74	**175.6%**
75	**184.0%**

〔繰り上げた場合の受給率〕

開始年齢	受給率
60	**70.0%**
61	**76.0%**
62	**82.0%**
63	**88.0%**
64	**94.0%**

昭和37年4月1日生まれの人の場合。

出典：日本年金機構

２０２２年４月からは75歳まで繰り下げが可能になり、その場合は１８４％まで増える。

先に述べたとおり、私の場合は、70歳まで1円も受け取れない上に、将来受け取る際にもいっさい増えない。

■文科省は頭が固い

あるときこの顚末《てんまつ》を定年後コンサルタントの人に話をしたことがある。すると、「森永さん、大学とフリーランス契約できないんですか？」と言われた。

今は雇用契約で厚生年金に加入しているので、給付制限を受けるが、個人事業主となって会社と大学で契約をすれば、国民年金の加入対象者となって、年金の制度が異なるため給付制限がかからないということだった。

ところが文部科学省は頭が固いから、フリーランスの正教員を認めないだろう。

年金をもらうためには、辞めてしまうのが一番よいのだが、大学教授という仕事は真面目に取り組む人ほど辞められない仕組みになっている。

獨協大学経済学部の場合、1年生の段階でゼミが決まり、卒業までは全員の面倒を見なければならない。途中で「退職することになったから、さようなら」というわけには道義的にいかないのだ。

大教室の学生は何百人もいるが、ゼミ生は一人ひとりと至近距離で付き合う。私にとっては家族のようなものだ。大教室では感じることができない特別な情が移るのだ。

■大学教授はなかなか辞められない

ようやく4年生を送り出すと、すぐに次のゼミ生が入ってくる。そうした生活を送っていると、教職をどこでリタイアしたらいいか、タイミングがわからなくなってしまう。

周りの教員に「定年したらどうしますか」と訊《き》いたことがある。すると、「定年後も非常勤講師として勤務し続ける」という教授が結構いた。

70歳定年の年にゼミ生を受け入れてしまうと、73歳まで働かなければゼミ生の卒業を見届けることができないからだ。その間は、非常勤講師として1年ずつ任期を延長しながら働くことになる。

問題は非常勤講師の給料は信じられないほど安いことだ。

教授であればそれなりの給料を受け取れるが、非常勤講師になるとアルバイト並みの金額になる。周りの教授もそれは理解していて「ゼミ生は放り出せないからね」と苦笑している。私にもその気持ちはよくわかるのだが、納得できない気持ちもある。

実は、「今、辞めたらどうなるのですか?」と、大学に聞いてみたことがある。

すると、定年前退職になるので退職金が割り増しになるとの話だった。つい学部長に「今辞めると退職金が割り増しになるそうですね」と嬉《うれ》しそうに言ってしまったら、そんな無責任なことを考えるのではないと、たしなめられてしまった。

■普通の会社員でも半分はお上にもっていかれる

　60歳以降に働きながら受け取る老齢厚生年金を在職老齢年金という。在職老齢年金では、収入の額によって年金が給付制限を受ける。年金月額と月給の合計が47万円を超えると、超えた額の半分が年金月額から削減されるのだ。前述のように給付制限を受けた場合には、年金の受給を繰り下げたとは、みなされないことになっている。

　これが結局、日本の年金が「積み立てではない」何よりの証拠といえる。**税金と社会保険料は国民負担として一体として考えなければいけないし、その負担がものすごく重くなってきている事実を知るべきだろう。**

　考えてみてほしい。普通の会社員でも、ある程度稼いでいる人は所得税を10％課される。加えて住民税は一律10％を徴収される。これで税金は20％となる。

　社会保険料は企業が支払う分を含めると厚生年金が18・3％で、健康保険料と介護保険料を合わせると10％強。ここに1・35％の雇用保険料も加わる。

　これらを合計すると、普通の会社員でもほぼ50％を徴収されることになる。これが現実

図1－6●所得税と住民税の税率の推移イメージ

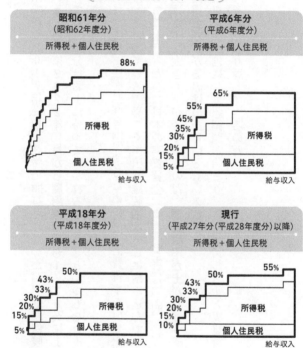

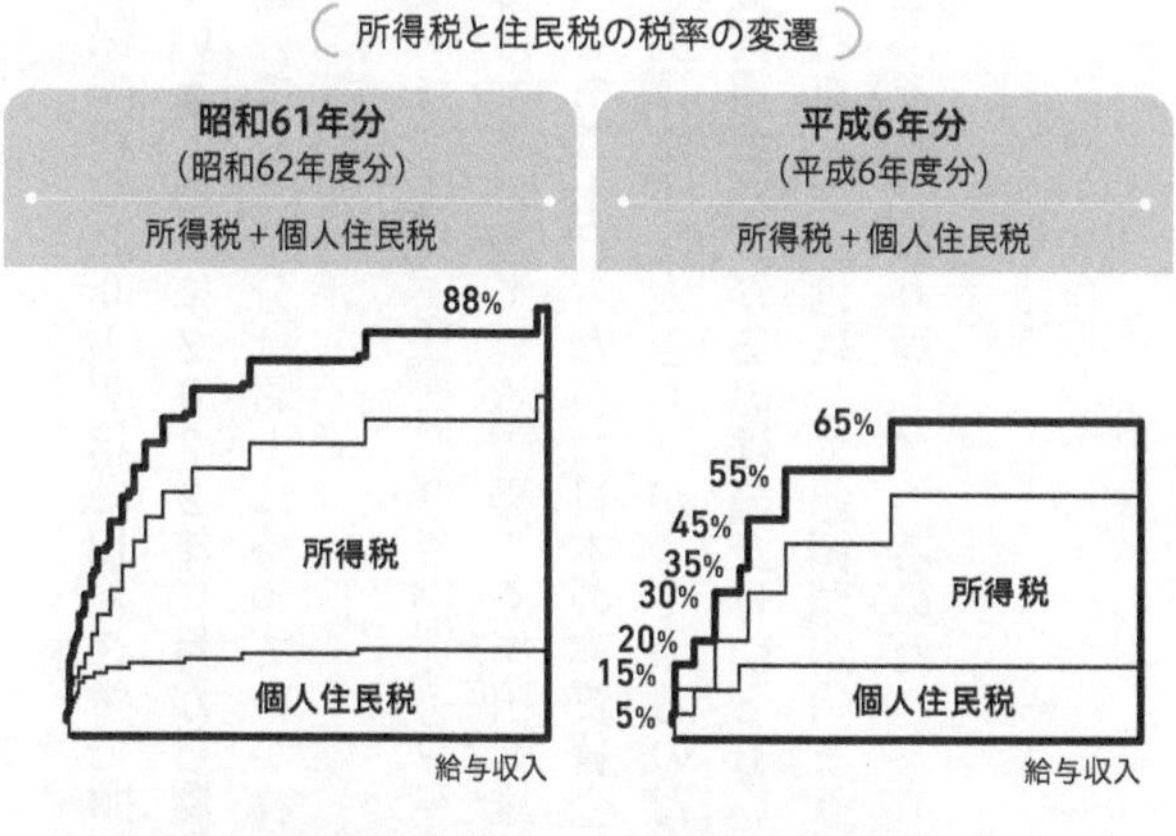

出典：財務省

だ。

厚生年金保険料は２０１７年に18・３%で頭打ちになったが、**健康保険料は毎年のように上がっている。さらに２０２２年10月から雇用保険料も１・３５%に上がった。**つまり、一生懸命働いても、半分はお上に持っていかれるという、とてつもない重税国家に日本は陥っているわけだ。

しかも政府は、「社会保障財源を確保するためには、消費税率を引き上げないとどうにもなりません」と言っている。恐らく岸田《きしだ》文雄《ふみお》政権はそこに踏み込んでいくだろう。

消費税率を引き上げるたびに日本の実質賃金（物価調整後）は、明らかに下がっている。消費税率を上げた年に大きく下がっているのだ。**消費税率が上がれば、その分、物価が上がるため実質賃金が下がるのは当たり前**ともいえる。

ただ、それをきっかけにして悪循環が始まり、さらにズルズルと実質賃金は落ちていくことになる。それを繰り返しているのだ。

図1－7●1997年以降、減少傾向にある

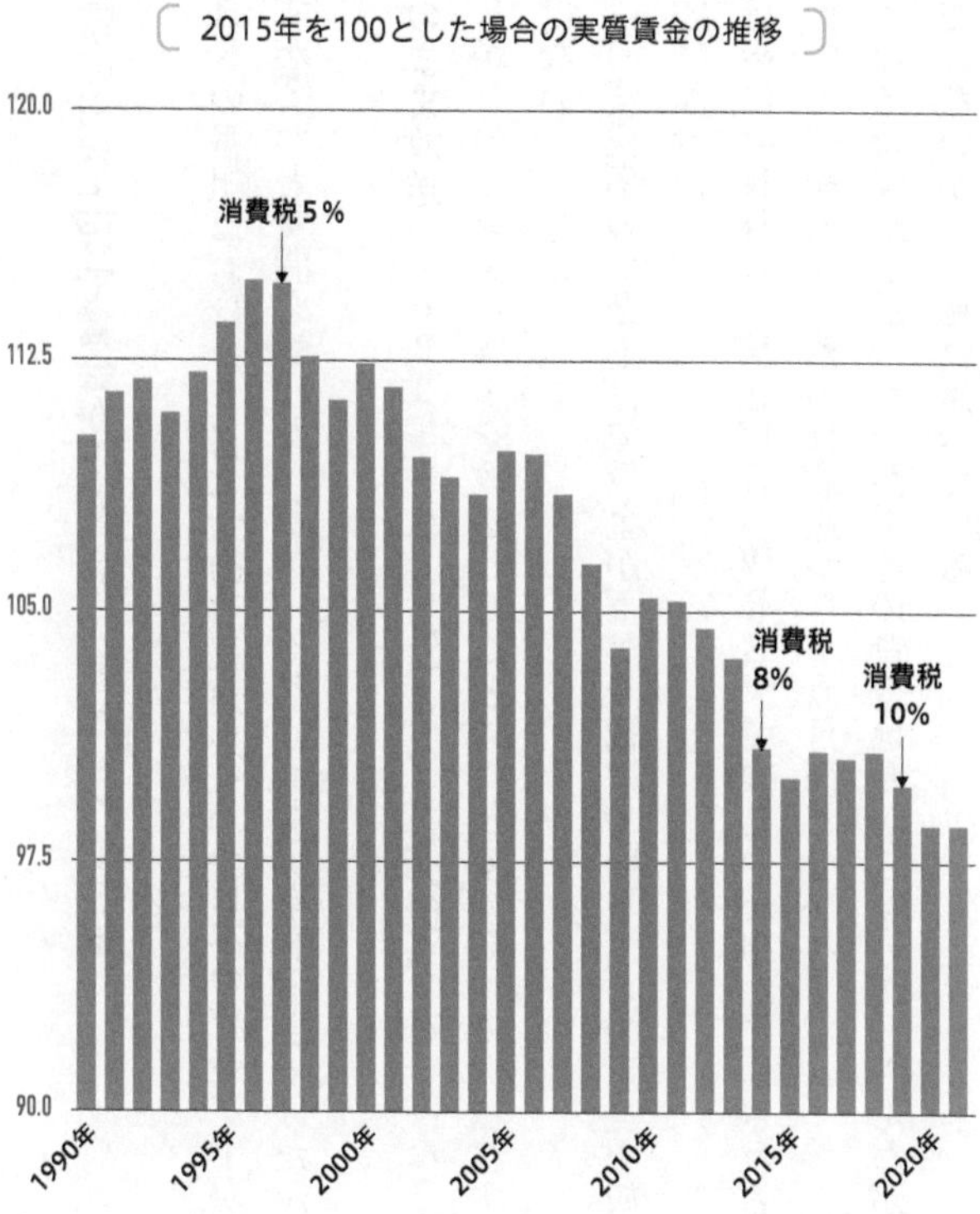

■「消費税率の引き上げで賃金が下がった」とNHKが放送

以前、NHKの番組『おはよう日本《にっぽん》』の取材が来て、「日本の賃金が下がり続けているのはなぜですか?」と質問を受けた。私は「それは消費税率を引き上げたからです」と答えた。

それがそのまま放送（2022年1月）されてネットで炎上した。みなさんが注目したのは、NHKがこのインタビューを放送したことに対してであって、私がすごいことを言ったわけではない。

NHKが「消費税率の引き上げで賃金が下がり続けている」との意見を放送してしまったことが話題になったのだ。

この内容は後に「NHK　NEWS　WEB」で詳しい記事が配信される予定だったが、配信延期が続いて、配信されたのは放送から1カ月後となった。

配信までになぜ時間がかかったのか、その背景はわからないが、みんなが忘れたころに配信したのではないかと、私は思っている。

■教義に縛られている岸田総理と財務省

これまで政府は、必要のない消費税増税を繰り返してきた。その理由の一番根っこにあるのは、財政均衡主義と呼ばれる、とてつもなく間違った教義に縛られていることだ。財務省はもちろんだが、岸田総理も教義に縛られている。財務省と一心同体になって進めているのだ。

国債の借り入れや返済を除いた財政収入と支出のバランスを基礎的財政収支、あるいは「プライマリーバランス」と呼んでいる。**プライマリーバランスが黒字であれば、国債の発行（借金）に頼らずに支出が賄えていることを意味する。**

2020年度は安倍晋三《あべしんぞう》政権がコロナ対策を打ち出したため、一般会計は80兆円の赤字となった（令和4年第10回経済財政諮問会議資料による）。

2021年度はそれが31兆円の赤字となった。岸田総理は、たった1年でプライマリーバランスをため、49兆円も改善したことになる。とてつもない財政の引き締めだ。なぜ財政収支を改善できたのか。それはコロナ対策を大幅に縮小したからだ。

たとえば、第6波までは、売り上げの減った飲食店等に一定の補償があったが、**岸田政権になってからは、持続化給付金や事業復活支援金といったコロナによる補償金一切出さなくなった。**

■岸田総理がひた隠しにする事実とは?

実は、安倍政権の2020年度は、プライマリーバランスこそ80兆円の赤字だったが、この年度に国が増やした借金は、102兆円にも及んでいる。ただ、そのために経済学的には新しいことがわかった。それまで財務省をはじめとして経済学者も100兆円を超えるような借金を増やせば、円が暴落して、国債が売られてハイパーインフレに襲われると言ってきた。

ところが**実際に100兆円を超える借金増でも日本経済に何の変化もなかった。**国債の価格にも為替《かわせ》にも影響はなかった。ましてハイパーインフレなど、その兆候さえ見えない。財政赤字を出しても大丈夫であることがわかったわけだ。

その事実をひた隠しにして、岸田総理は、とにかく2025年度にプライマリーバラン

図1−8●消費税の国際比較にはアメリカは含まれていない

付加価値税率（標準税率及び食料品に対する適用税率）の国際比較

（原則、2022年1月現在）

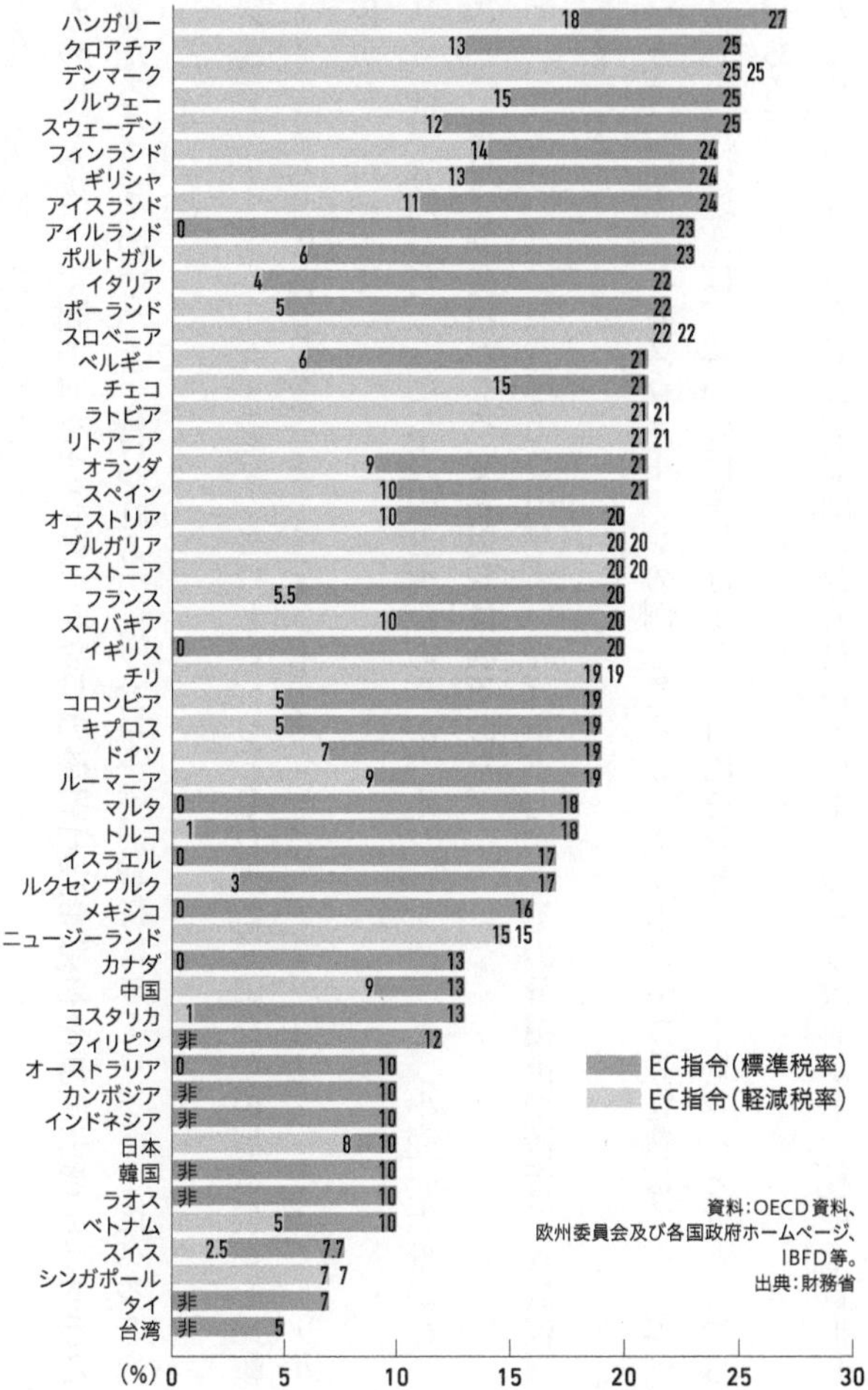

スを黒字化する方向に動いている。

そのために、今後3年間で何をするか。**かなりの確率で消費税率を再度引き上げることになるだろう。**その中でよく言われるのは、「日本の消費税はヨーロッパと比べると低いよね」ということだ。

ぜひ財務省のホームページを確認してほしい。ＯＥＣＤ加盟諸国などの消費税率を比較したグラフ（図1-8）が掲載されている。よく見るとアメリカが抜けている。アメリカは消費税がゼロだからだ。

アメリカの場合は、州ごとに小売売上税があるが、オレゴン州など、小売売上税がない州もある。**つまり、消費税がなくても財政は回るのだ。**

さらに、ヨーロッパは消費税の負担が重いのは事実だが、**その分福祉や教育、社会保障は充実している。**

よく引き合いに出されるスウェーデンの例を見ると、大学も含めて教育費はすべて無料。日本は私立大学に通えば、年間の授業料は１００万円を超える。ヨーロッパとはとてつもない差がある。

教育費については、ＯＥＣＤ加盟国の公的負担の比率、つまり政府がどの程度を負担し

図1－9 ●日本の年金の所得代替率は低い

〔OECD諸国の年金の所得代替率例〕

国名	義務的加入年金の所得代替率		
		うち、公的年金	うち、義務的な私的年金*
アメリカ	38.3	38.3	-
イギリス	22.1	22.1	-
カナダ	41.0	41.0	-
ドイツ	38.2	38.2	-
フランス	60.5	60.5	-
イタリア	83.1	83.1	-
オランダ	96.9	28.7	68.2
スウェーデン	55.8	36.6	19.2
デンマーク	86.4	14.8	71.6
日本	34.6	34.6	-

＊被用者の85%以上をカバー

出典：厚生労働省年金局「諸外国の年金制度の動向について」(2018年7月30日)

ているかを比較すると、**日本はデータのある加盟37カ国中、36位だ（2019年時点）。要するに、政府が学校教育にほとんどお金を出していないのだ。**

もう1つの例として年金はどうかというと、年金の所得代替率の国際比較がある（図1－9）。これも日本は40位。ギリシャでさえベスト10に入っている。財政破綻《はたん》して年金を3割カットしても日本よりもはるかに高いのだ。

これらを見ても、**日本は教育にも年金にもお金を使っていないことは明らかだ。完全な重税国家といえる。**しかも、さらにひどくしようとしているのが、今の日本政府、財務省といえる。

前述のように普通の会社員でも半分持って

いかれる。残った半分の中から消費すると、消費税で10％を徴収される。政府はその消費税を「15％にする」とか「19％だ」とか、とんでもないことを言っているのだ。

一生懸命働いても手元にはほとんど残らないという恐ろしい未来が見えている。

■高齢者の医療費の自己負担が2倍になった

ここまでは収入面の話だが、支出面を見ると自己負担がものすごい勢いで増えていることがわかる。

2018年8月から70歳以上の高額療養費の自己負担の上限が上がった。現役並み所得（年収約370万円以上）がある高齢者には、それに合わせた負担をしてもらおうということになったのだ。

それまでは、現役並み所得の人でも、自己負担額の上限は、外来の場合は月5万7600円、入院では8万100円だった（定率負担分を除く）。ところが2018年8月からは外来も入院も8万100円に統一された。

さらに**2022年10月からは、後期高齢者が医療機関の窓口で支払う医療費の自己負担**

図1－10●高齢者の医療費は負担増に

〔後期高齢者の医療費の自己負担〕

2022年10月1日から

区分	医療費負担割合
現役並み所得者	3割
一定以上所得のある方	2割
一般所得者等	1割

（一定以上所得のある方：被保険者全体の約20%）

2022年9月30日まで

区分	医療費負担割合
現役並み所得者	3割
一般所得者等	1割

出典：厚生労働省

の割合が変わっている。

これまでは現役並み所得者と一般所得者に分かれ、前者は3割、後者は1割の自己負担だった。２０２２年10月からは、中所得者の区分を設けて、自己負担を1割から2割に引き上げたのだ。単身後期高齢者の場合、年収２００万円以上年収３８３万円未満が中所得者に該当し、夫婦世帯では年収３２０万円以上年収５２０万円未満が対象となった（図１－10）。

ただ、**この中所得層の２００万円というラインはかなり微妙だ**。現在の厚生年金受給者の平均年金月額は14万６１４５円（２０２０年度）だから、年額は１７５万円となる。つまり年金が平均より少し高い人や勤労収入がある人は、中所得者に区分される可能性が高いのだ。

実際、政府の試算でも窓口負担倍増となるのは、75歳以上の2割、370万人と見込まれている。

この窓口負担増は、2021年6月に成立した医療制度改革関連法で決まっていたが、実施時期については2022年10月から2023年3月の間と、幅を持たせていた。今回、そのなかで最も早い時期に実施されることになったのだ。**政府がいかに負担増に前のめりになっているかがわかるだろう。**

■預貯金があると介護施設の補助が受けられなくなった

2021年8月からは、**介護施設利用料のうち、食費・部屋代の補助を受けられる条件が厳しくなった。**

たとえば、単身世帯で年金などの収入が80万円以下の人は、これまで預貯金が1000万円以下なら補助を受けられた。しかし8月以降は、預貯金が650万円以下でなければ、対象とならなくなった（図1－11）。

図1－11●介護施設の補助の条件が厳しくなった

〔補助を受けるための預貯金の条件〕

年金収入等	2021年7月まで	2021年8月から
80万円以下	単身 1000万円 夫婦 2000万円	単身 650万円 夫婦 1650万円
80万円超 120万円以下		単身 550万円 夫婦 1550万円
120万円超		単身 500万円 夫婦 1500万円

＊年金収入等＝公的年金等収入金額
（非課税年金を含む）＋その他の合計所得金額。

食費と部屋代がすべて自己負担になり、毎月3万2000円から6万8000円の負担が増えたわけだ。

年金などの収入が増えると預貯金の基準がさらに厳しくなる。年金収入が80万円超120万円以下の場合は550万円、年金収入120万円超の人は500万円を超える預貯金を持っていると補助の対象外となる（図1－11）。

ちなみに有価証券や投資信託も預貯金に含まれる。預貯金を株式などに換えても意味はない。一方で年金生活者のうち、住民税が課税されている人（年金収入がおよそ150万円以上）は、制度改正以前から食費・部屋代の補助はない。

ここで介護保険制度の変遷を振り返ってみると、スタート当初は、介護施設での食費と部屋代についてはすべて介護保険で賄われていた。ところが2005年になって、食費と部屋代が原則自己負担になり、低所得者を救うために補助制度ができた。

そして2015年からは、一定の預貯金がある人が、補助の対象外となった。さらに2021年から補助の対象となる預貯金額の上限が引き下げられたということになる。

これも財政緊縮の影響だ。収入面で半分以上が持っていかれ、負担も上がっているわけだから、自分たちの自由になるお金がものすごい勢いで減って身動きが取れない状態になっていることになる。今後もそれを進めていくのが今の日本の実態だ。

■政府は「預貯金を持っている人」を切り捨てる

多くの人は、負担が増えていることに何となく気づいていると思うが、自分の生活にどれほどの影響を及ぼしているのか、正確に理解していない。実際に数字で検証してみると、実はとんでもないことが、今の日本では起きているのだ。これが日本の財政の現状と言える。

1つだけ確かなことは、**政府が預貯金のある人を切り捨てにきたことだ。それに対抗する究極の手段は、貯蓄を持つのではなく、公的年金の範囲内で基礎的な生活費を賄うことだ。**

私は将来、**厚生年金受給世帯の年金は、夫婦で月額13万円にまで低下する**と考えている（図1－12）。

現在の厚生年金のモデル年金額は月額22万円だが、厚生労働省の財政検証によると、約30年後の年金額としてⅠからⅥまで、6つのケースが示されている。ケースⅥは月額12万9000円になっていて、実際にはこのパターンになる可能性が高いと私は見ているわけ

図1－12●公的年金は夫婦で13万円になる

（財政検証の推計による公的年金の給付見通し）

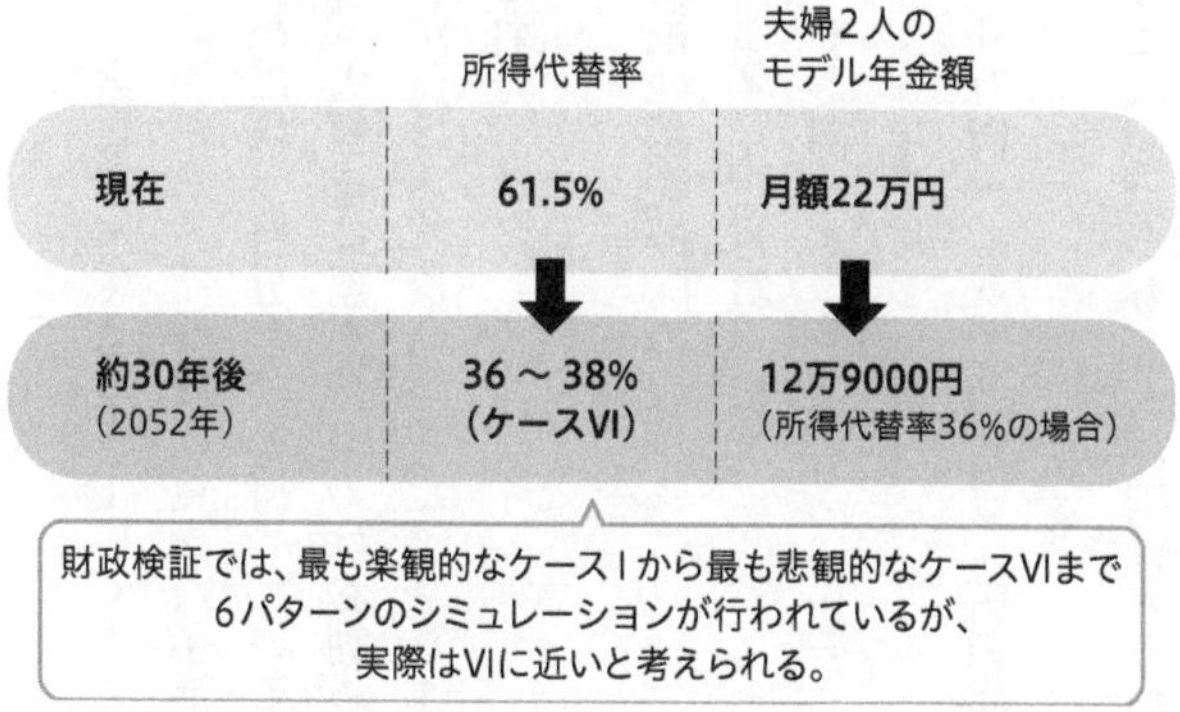

	所得代替率	夫婦2人の モデル年金額
現在	61.5%	月額22万円
約30年後 （2052年）	36〜38% （ケースⅥ）	12万9000円 （所得代替率36％の場合）

6パターンのシミュレーションが行われているが、

出典：厚生労働省「2019（令和元）年財政検証結果レポート」

だ。

そのときになっても生きていくことができるように、ライフスタイルそのものを構造改革する必要がある。普段は質素な生活を続け、贅沢《ぜいたく》をしたいときは、預貯金を取り崩す。そのためには、自分の家を持っている必要がある。

ただ、大都市に家を持つのはお勧めできない。地価が高い大都市では、莫大《ばくだい》な相続税の支払いが避けられないからだ。**2015年の税制改正で、相続税の基礎控除が4割も引き下げられた。**

〈相続税の基礎控除の計算式〉

●2014年12月31日まで
5000万円+(1000万円×法定相続人の数)

●2015年1月1日から
3000万円+(600万円×法定相続人の数)

たとえば、子ども2人が相続人となるケースでは3000万円+(600万円×2)で、基礎控除は４２００万円となる。相続財産がこの金額を超えると相続税がかかる。

大都市は地価が高いので一戸建ての自宅を保有しているだけで基礎控除を超えてしまう可能性が高い。田舎の場合は、地価が安いので多額の預貯金を持っていない限り、相続税の心配はない。

こうしたことも考慮すると、老後生活は家をどこに構えるのかによって、ライフスタイルが大きく変わってしまう。その解決策は第5章で紹介する。

■消費増税は不要。国債の発行で乗り切れる

今後のスケジュールはまったくわからないが、消費税を増税することは間違いないだろう。前述のように２０２５年にプライマリーバランスを黒字化するとの目標を掲げているのだから、増税をせざるをえない。

プライマリーバランスに意味がないことはすでに明白なのだから、これは科学ではなく宗教だ。

以前、読売テレビの『そこまで言《い》って委員会《いいんかい》NP』に出演したときに「1人10万円のベーシックインカムを導入することに賛成ですか、反対ですか」と質問されたので、私は賛成した。ところが、パネラーの中で賛成したのは私1人だけだった。

他の人は、「大増税をしなければならないから、できるわけがない」と言うから、私が「基本的に全部借金でやれば何の問題もないですよ」「国債を全部日銀に買わせればいいんです」と言った。

するとまた、「ハイパーインフレになるからダメだ」とか「円が暴落する」とか「国債が暴落する」とガンガン責めてきた。

私が「大丈夫だから、とにかく1回、社会実験としてやってみましょう。とりあえず」と言っても、全員から袋叩《ふくろだた》きにあって終わった。安倍政権があれだけ財政出動をガンガンして大丈夫だったにもかかわらず、みんな理解してくれない。

■インフレになって困るのは金持ち。庶民には影響なし

実は、日本は太平洋《たいへいよう》戦争中に莫大な国債を発行している。どれだけ国債を発行している

かは、戦争の混乱で正確にはわからない。ただ、太平洋戦争の戦費がＧＤＰの９倍とみられているから、今の貨幣価値にすると５０００兆円くらいのイメージだ。

当時は国民が疲弊して買えなかったので、ほぼすべて日銀に引き受けさせた。その結果、高いインフレ率を経験したが、ハイパーインフレというほどにはならなかった。

どこまで行けばハイパーインフレになるかは誰にもわからないが、私がさまざまな経済学者に聞いてみたところ、バラツキはあるものの、３０００兆円程度までは大丈夫と考える人が多いのは確かだ。現在の国債発行額は１０００兆円程度だから、まだまだ日銀の引き受けによる国債発行をしても、大丈夫だと私は思っている。

ただ、高インフレになる可能性はゼロではないから、インチキ経済学者は「ハイパーインフレになると物価ほどには賃金が上がらないから庶民はみんなひどい目にあう」と脅してくる。

これは正しくない。過去の統計を確認すると、実は庶民が本当に困るのは、物価が下がるときだ。物価が上がれば上がるほど、賃金も上がることがデータとして残っている。賃金が上がればなんとかなる。一方でデフレのときは、仕事を失う人があふれ庶民がひどい目をみることになる。

ハイパーインフレで本当に困るのは誰かと言えば、お金持ちだ。貨幣価値が大きく下がるので、キャッシュを持っている人は資産が目減りする。

ここに巧妙な論理のすり替えがある。**インフレで本当に困るのは富裕層であり、庶民はまったく困らない。**何の被害もないのだ。

■スタグフレーションは死語になる

一部で「これからはスタグフレーションに備えたほうがいい」と指摘されている。スタグフレーションは、景気停滞を意味する「スタグネーション」と「インフレーション」を組み合わせた言葉。**景気が後退していく中でインフレーション（物価上昇）が進む現象の**ことをいう。

私はスタグフレーションにはならないと考えている。2023年は物価が下がるだろうから、「スタグネーション」と「デフレーション」の組み合わせになると予測しているからだ。いわゆる恐慌だ。おそらく、スタグフレーションは死語になるだろう。

2022年6月にアメリカの消費者物価指数は、前年比9・1%まで上昇した（図1-

図1－13●アメリカのインフレ率は9.1％まで上昇

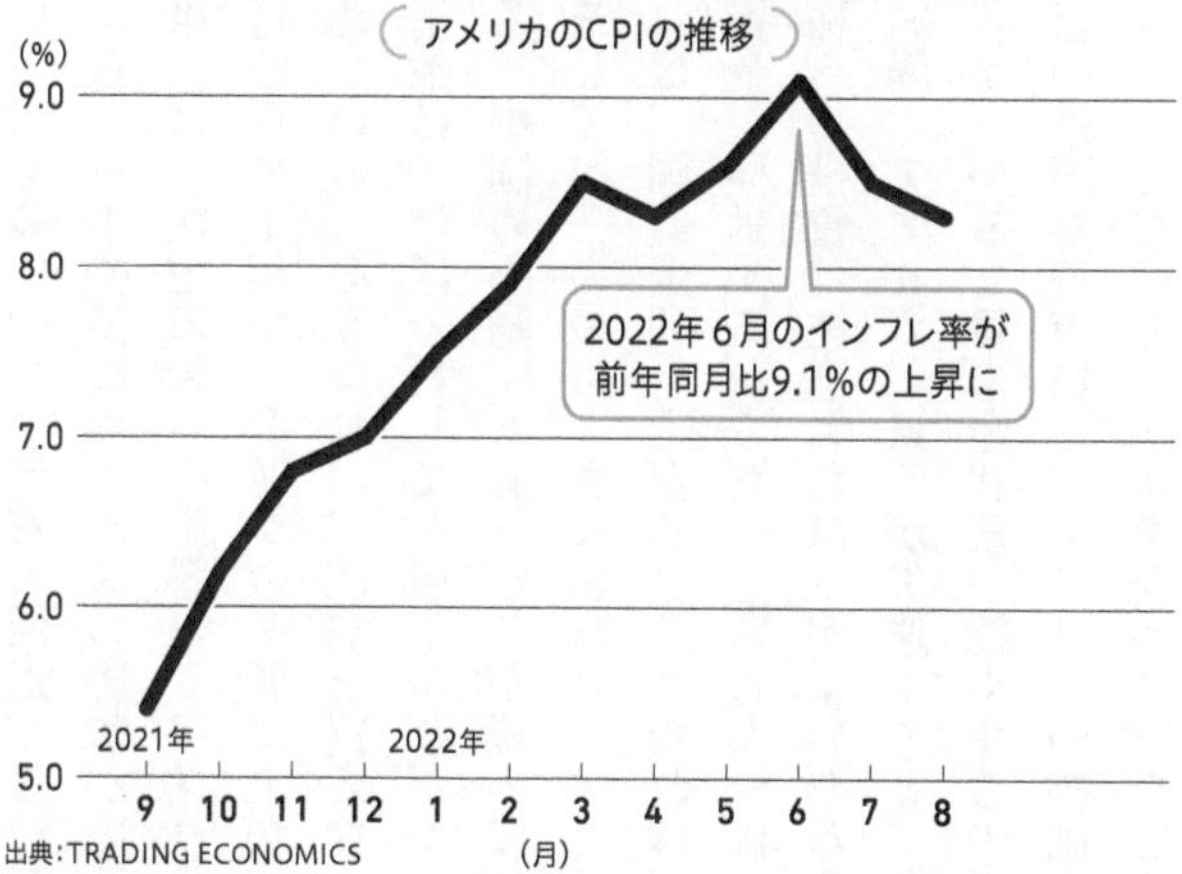

出典：TRADING ECONOMICS

13）。2022年11月は少し下がったとはいえ、7・1％とまだまだ高い。アメリカの目標物価上昇率は2％だから、7％の物価上昇率を2％に落ち着かせるには、相当強烈な金融引き締めをしなければならない。

アメリカの中央銀行であるFRB（連邦準備制度理事会）は、2022年11月2日に政策金利を4回連続で0・75％引き上げた（図1－14）。インフレ抑制のための利上げは今後も続く予定で、アメリカはかなりの高金利になっていくとみられる。

こうした利上げは日本経済にどのような影響を与えるのだろうか。第一は、アメリカ景気の失速だ。金利が高くなれば、設備投資が難しくなるし、アメリカでは借金で消費をしている人も多いので、消費も減退する。アメリカは、日本にとって中国に次ぐ貿易相手国だから、日本経済にマイナスの影響が出る。

第二は、住宅市場への影響だ。アメリカの30年固定の住宅ローンの金利は、２０２１年11月からの1年で、3％から7％に上がった、これによって、毎月の返済額は１・６倍に増えている。そうなれば、住宅を買えない人が続出する。この10年間、アメリカの住宅価格指数は、ほぼ一貫して右肩上がりだったが、２０２２年5月をピークに下落が始まっている。中国の不動産も値下がりが続いていて、日本も他人事《ひとごと》とは言えないだろう。

そして第三の最も大きな影響は、アメリカの株価バブルが崩壊するリスクだ。金利が上がれば、国債金利も上がる。そうなれば、リスクの大きな株式から、固定利回りの債券へと資金が移動するからだ。もちろん株価の予測は大変難しいのだが、いまは株式とくに米国株への投資は注意したほうがよいだろう。

結局、アメリカの景気が失速すると、金融緩和をしなければならなくなる。アメリカの金利が下がると日米金利差が縮小するので、為替は円高に向かう。現に、２０２２年11月11日の外国為替市場は、アメリカの物価上昇が鈍ったことで、利上げペースが減速するという見立てだけで、ドルを売って円を買う動きが強まり、円相場は一時、１３８円台まで

図1－14●アメリカの政策金利は3.25%に

〔2022年の政策金利の推移〕

	日本	アメリカ	欧州	イギリス	カナダ	オーストラリア
1月	-0.1	0.25	0	0.25	0.25	0.1
2月	-0.1	0.25	0	0.5	0.25	0.1
3月	-0.1	0.5	0	0.75	0.5	0.1
4月	-0.1	0.5	0	0.75	1	0.1
5月	-0.1	1	0	1	1	0.35
6月	-0.1	1.75	0	1.25	1.5	0.85
7月	-0.1	2.5	0.5	1.25	2.5	1.35
8月	-0.1	2.5	0.5	1.75	2.5	1.85
9月	-0.1	3.25	1.25	2.25	3.25	2.35

円高が進んだ。138円台はおよそ2カ月ぶりで、わずか1日で7円も円高が進んだことになる。為替市場に流れ込む資金の99%は投機資金だ。2022年の円安は、投機筋が仕掛けたものので、日本経済が弱体化したからとか、日本だけが金利を引き上げないからという理由ではない。日本は1兆ドルもの介入資金を持っており、まだその1割も使っていないのだから、**むしろ円安の原因は財務省が断固とした為替介入に出なかったことなのだ。**

ただ、**いずれにせよ為替は長期的にみれば、本来の価格に戻っていく。**理論価格の推定には、さまざまなモデルがあって、結論は1つではないが、私の計算では1ドル＝130円程度だ。またアメリカの景気が失速して、金利が下がっていけば、もっと円高になる。米国株バブルの崩壊と円高が重なれば、老後資金を米国株投資で準備している人はとんでもない目にあう。私が、米国株投資を控えたほうがよいと思う理由だ。

■生産性向上は人を不幸にする

実はもっと恐ろしい事実がある。2000年から2021年にかけて、日本の生産年齢（15～64歳）人口は1180万人減った。「日本は人口減少しているから大変だよね。だからこんなことが起こっているんだよ」と言う人がいる。

しかし、**労働力人口はこの20年間で147万人も増えている。つまり財政の支え手は増えているわけだ。増えているにもかかわらず負担が増えている。**政府はさらに労働力人口を増やそうとの魂胆だが、働ける人の多くはすでに働きに出ているので、残りの伸びしろはそれほど大きくない（第5章参照）。

だから、労働力人口の増加が止まった瞬間にもっとひどいことが起こるのは目に見えている。

労働力人口が増えないのであれば、「生産性を上げろ」と言う人がいる。しかし、それは正しいのだろうか。

私はむしろ、生産性を上げることで仕事の楽しさは減ってしまうと考えている。生産性と楽しさは反比例の関係にあるのだ。

たとえばフィギュアを作る仕事を考えた場合、秋葉原《あきはばら》で活躍するフィギュア作家は自分で粘土をこねて原型をつくり、それを元に型を取って、型に素材を流し込んで、塗装して、顔を描き入れて……と最初から最後まで自分で作業する。彼がやっていることは、作品づくりであって、楽しいものだ。

ところが、そのフィギュアがヒットして中国で大量生産をするようになると、工程が細分化されて、流れ作業で作るようになる。

右目を描き入れる人は、朝から晩まで右目だけを描き入れているわけだ。その仕事が楽しいわけがない。そのほうが早くて生産性は上がるが、誰もが〝つまらない〟と感じるはずだ。

私の楽しみの1つ、農業でも同じだ。**生産性を上げようとすれば、機械化することになる。**大規模な農場で機械を使って大量生産すればコストは下がる。しかし、つまらなくなる。

私は畑で25種類ほどの野菜を作っている。それを1種類にしたほうがはるかに生産性は高いのだが、そうすると楽しくなくなってしまう。生産性が落ちてもいいから、やりたいようにやる。そのほうが幸せであることは、すべての仕事に共通しているだろう。

私の経験上でも「好きで楽しい仕事」は儲《もう》からない。たとえば、ラジオは自由に話ができる代わりに、ギャラは高くない。逆に金融業者の手先のような仕事をすると、15分働いただけでも100万円、200万円がもらえたりする。

先日もあやしい金融業者から「イベントを開催するから出てほしい」と言われたので、「いいですよ。でも1億円です」と答えたら、一切、連絡が来なくなった（笑）。

■資本主義が金銭面の格差を広げる

結局、生産性を高めていくと、生きがいを喪失させる。哲学者の斎藤幸平《さいとうこうへい》さんと話したときに、彼はこんなことを言っていた。

「マルクスが予言していたこととして、資本主義が金銭面での格差を広げるということはみんな理解しているけれど、もう1つある。それは、仕事の喜びも庶民から奪う。仕事の楽しさの格差の拡大についてもすでにマルクスはわかっていた」

私は、学生時代に『資本論《しほんろん》』を読もうとして、3回挫折《ざせつ》した経験がある。あまりに難しい。『資本論』は何巻かに分かれていて、斎藤幸平さんがすごいのは、それを全部読んだ上で、そのほかのマルクス作品もすべて読んでいること。

その中で、マルクスが晩年、言っていたのは、「資本主義はやがて地球環境を破壊するだろう」ということだ。そこまで見通していたことになる。

最近は地球温暖化の影響で世界中の気温が上がっていると言われ、多くの人が口ではＳＤＧｓと言っているが、本気で対策を打っていない。

■エブリシングバブルの崩壊は近い

日本の物価上昇の原因のおおよそ3割が円安で、7割が資源高。その資源の価格を見ると、すでに原油は下がっているし小麦も下がっている。**ほぼすべての資源が下がり始めている。**エブリシングバブルがまさに崩壊しようとしているわけだ。

エブリシングバブルとは、株式だけでなく、石油や小麦や木材など、**あらゆる商品が大きく値上がる現象のこと。今回の物価上昇は、ウクライナ問題と円安が原因だと報道されている。しかし、本質的な理由はバブルだ。**

たとえば、ニューヨーク市場の原油価格は、2020年4月には一時マイナスになった。その後は急激に上昇し、2022年1月には1バレル88ドルまで上昇した。その後ロシアのウクライナ侵攻で2022年6月に1バレル120ドルまで上昇した（図1－15）。つまり、ロシアのウクライナ侵攻は、値上がりに拍車をかけただけということになる。

なぜ原油価格が急騰したのか。最大の原因は、世の中にお金があふれていたことだ。2008年のリーマン・ショックによって経済が低迷したため、**世界中で金融緩和が行われた。その資金が投機に向かいバブルを引き起こしたのだ。**

人類は繰り返し、バブルを経験している。この200年間で70回以上のバブルが発生している。そして、バブルは必ず崩壊し、経済が大きな打撃を受けるのだが、その経験は後世には引き継がれず、何度も繰り返している。

つまり、バブルは資本主義の宿命と言ってもいい。

たとえば、株式投資の世界では、誰かがA社の株式を買った後に値上がりして儲かると、

図1－15●原油価格はコロナ禍で前代未聞のマイナスに

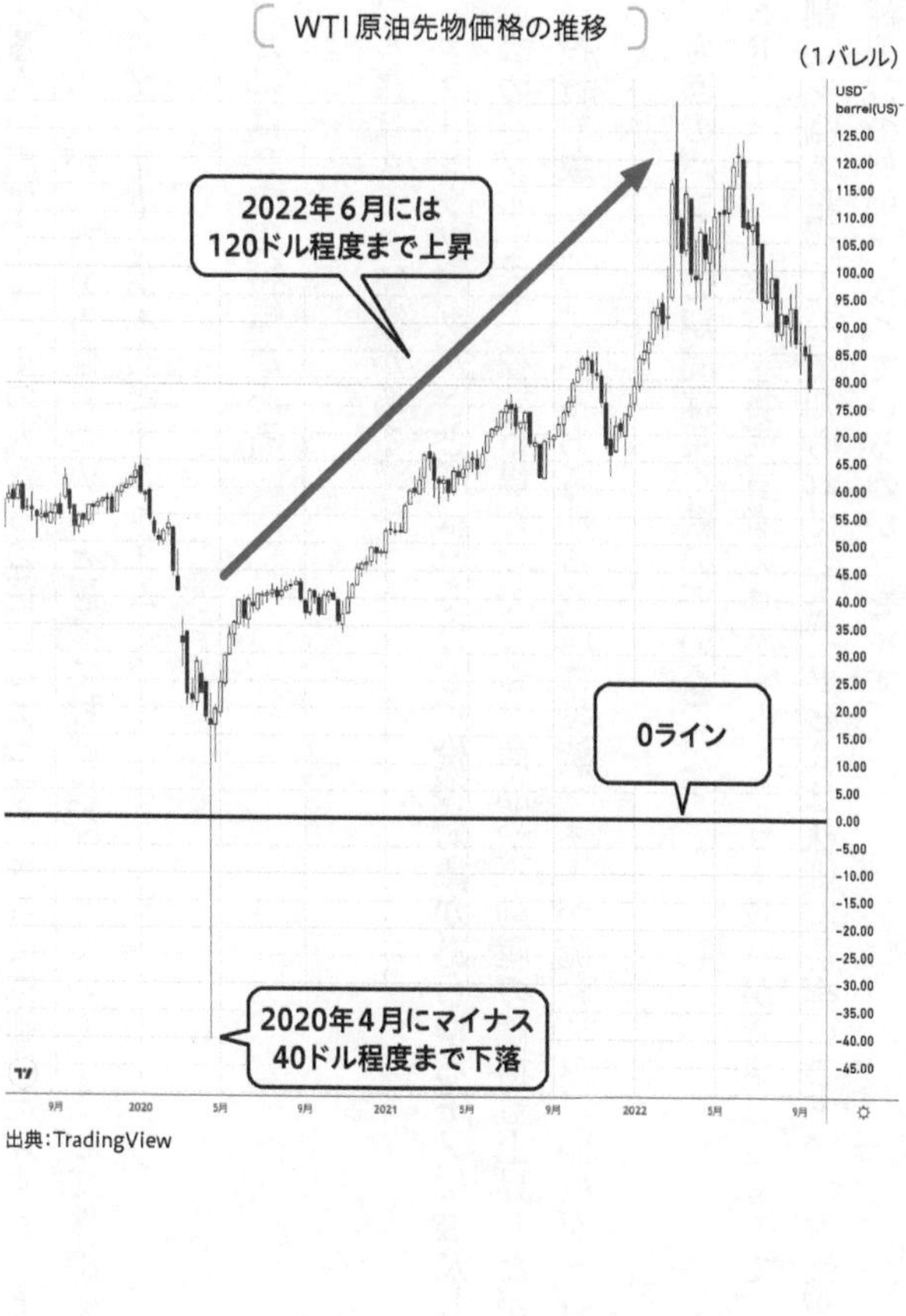

出典：TradingView

それを真似する人が出てくる。その人たちの買いによって、さらに株価は上昇する。それを見たより多くの人が「自分も儲けたい」と思って投機に参入していく。そして株価は急上昇。これがバブル発生の基本的なメカニズムだ。

■いまのバブルには3つの特徴がある

現在のバブルには3つの特徴がある。

1つ目は「エブリシングバブル」と呼ばれるほど、**投機対象があらゆるモノに波及していること。**過去のバブルでも、株式市場だけでなく、商品や不動産の価格も上昇したが、今回はさらに投資対象となっているあらゆる資産に投資マネーが流れ込み、価格が一斉に上昇している。

2つ目は、**今回のバブルの期間は長く続いていること。**

シラーPERはノーベル経済学賞受賞者のロバート・シラー教授が考案したもので、株価の割高・割安を測る指標として知られている。PERは株価収益率のことで「株価が1株当たりの純利益の何倍になっているのか」を示す。

図1－16●米国株は100カ月以上バブル状態が続いている

（S&P500のシラーPERの推移（2014年1月〜））

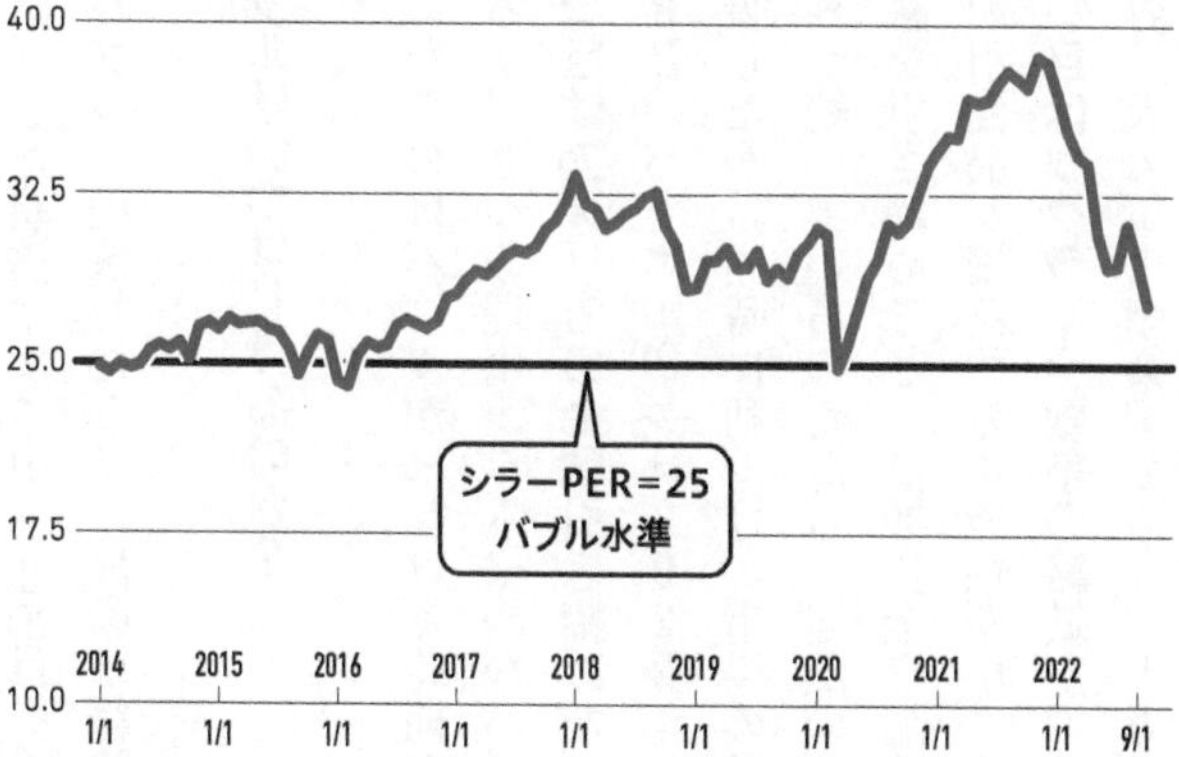

出典：multpl.com

ただし、バブルが発生している時期は、企業の利益自体が水増しされる傾向があるため、その影響を軽減したのが、シラーPERとなる。

一般的にはシラーPERが25倍を超えるとバブルとみなされる。これをベースに考えると米国株はすでに100カ月以上もバブル状態が続いていることになる（図1－16）。

過去の例ではITバブルのときが79カ月、リーマン・ショック直前のバブルは52カ月で崩壊しているから、今回のバブルはすでにいつ崩壊してもおかしくはない状態にある。

3つ目は**バブルの山が高いこと**。

今回のバブルでは、米国株のシラーPERが39倍まで上昇した。これはITバブルのときに記録した44倍に次ぐ史上2番目の高さだ。「山高ければ谷深し」と言われるように今回のバブルが崩壊したときの反動は経験したことのない大きさになる可能性が高いだろう。

■バブルはいつはじけるのか?

気になるのはバブルがはじける時期だ。私は、すでにバブル崩壊は始まっていると考えているが、2つの理由から本格的なバブル崩壊は近いと考えている。

1つ目はアメリカの金融引き締めだ。

FRBのパウエル議長は2022年11月の会見で、今後の利上げペースが落ちる可能性を示唆したが、同時に利上げが市場の予測より長期化する可能性も示唆した。8%近い物価上昇が続いているのだから、当然の判断だ。

金融を引き締めると、投機資金を調達しにくくなるため、投機が収まって、金融商品や国際取引商品が暴落する可能性が出てくる。

2つ目はウクライナ戦争の終結だ。

世界最大の軍事産業国であり、世界最大の産油国であるアメリカは、戦争と石油価格の上昇で大いに潤っている。

しかし、戦争が終結すれば、原油価格は下落し、兵器の需要は消失する。一気に景気が失速し、米国株式の本格的下落が始まるだろう。

ただ、今回のバブルがいつ崩壊するのかを正確に予測するのは難しい。２０２３年かもしれないし、２０２４年かもしれない。私自身は、２０２１年に投資用の株式をすべて処分した。いま考えれば、タイミングが少し早すぎたとも言えるが、それでも暴落後に売るよりはましだ。

いま恐れなければならないのは、インフレではなく、バブル崩壊後の強烈なデフレと言える。

資源価格の変動が物価に反映されるのにはタイムラグがある。

たとえば電気代に反映されるのは３カ月後だし、小麦は半年後となる。結果的に、２０２３年１～３月期には、消費者物価指数の上昇は止まり、４月以降は下がっていくと私は見ている。

第2章　不平等な税・社会保険料制度

■お金持ちほど負担が小さい所得税

第1章では国民負担がとてつもなく増えている事実を紹介したが、**さらにひどいのは、庶民に負担が偏っていることだ。**

図2－1は2021年の国会に立憲民主党の議員が提出したものだ。横軸が所得金額、縦軸が所得税の負担率になっている。

これによると、年間所得が1億円の負担率は28・2％。日本は所得が上がると税率も上がる累進課税になっているので、所得が増えるにしたがって負担率も上昇していく。ところが、年間所得が1億円を超えると逆に負担率が下がっていく。最終的には18・8％になっている。

それはなぜか。実は労働で1億円以上を稼ぐ人はほとんどいない。金持ちはお金を右から左に動かして稼いでいる。年間所得が1億円を超えると株式等の譲渡所得の割合がほぼ100％に向かって急上昇していくのがわかる。

現在、上場株式の売却益や配当金の税率は一律20％（所得税15％、住民税5％）となっ

図2−1●年間所得が1億円を超えると負担率が下がる

（2021年の国会に立憲民主党の議員が提出した資料）

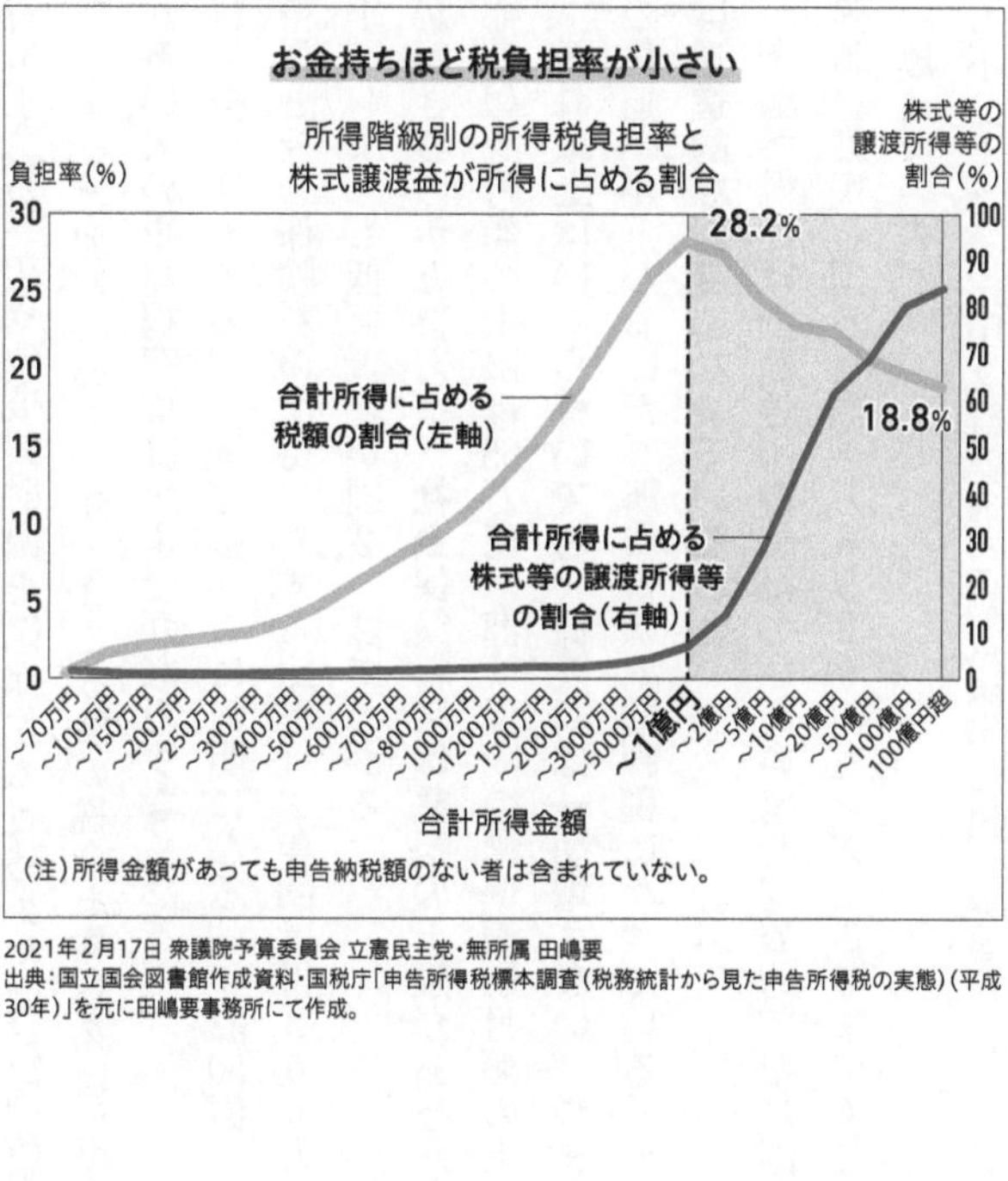

(注)所得金額があっても申告納税額のない者は含まれていない。

2021年2月17日 衆議院予算委員会 立憲民主党・無所属 田嶋要
出典:国立国会図書館作成資料・国税庁「申告所得税標本調査(税務統計から見た申告所得税の実態)(平成30年)」を元に田嶋要事務所にて作成。

ている。さらに東日本大震災からの復興財源を確保するための復興特別所得税が0・315％（所得税×2・1％）加わるので、20・315％の税金を支払えば納税が終わる。結果、**金融所得が多い人の税負担率は庶民よりかなり少なくなる。**

さらに社会保険料負担を加えると、不平等はさらに鮮明になる。年収50億～100億円の層が負担する所得税と社会保険料の所得に対する比率は、年間所得200万～400万円の普通のサラリーマンよりも低いことが図2－2でわかる。

なぜそんなことが起きるのかと言えば、**社会保険料には負担の上限があるからだ。**たとえば、厚生年金の標準報酬月額の上限は65万円、健康保険の標準報酬月額の上限は139万円となっている。**それ以上はいくら稼いでも、保険料は一切増えない。**つまり稼げば稼ぐほど社会保険料の負担率が下がるのだ。所得税は累進課税になっている。ところが、**社会保険料に関しては逆進的な制度になっているのだ。**

しかも、投資家が金融所得だけで勤労所得を得ていない場合、公的年金は国民年金になるから、納める保険料は庶民と同じ月額1万6590円だけだ。ここまでくると、「不正」を働いているとしか思えないのだ。

これはあまりにも不公平だ。岸田文雄総理も総裁選挙に出たときには、「金融所得課税

図2－2●1億円の所得を境に税負担率が下がる

（出所●2022年11月8日付・日本経済新聞より）

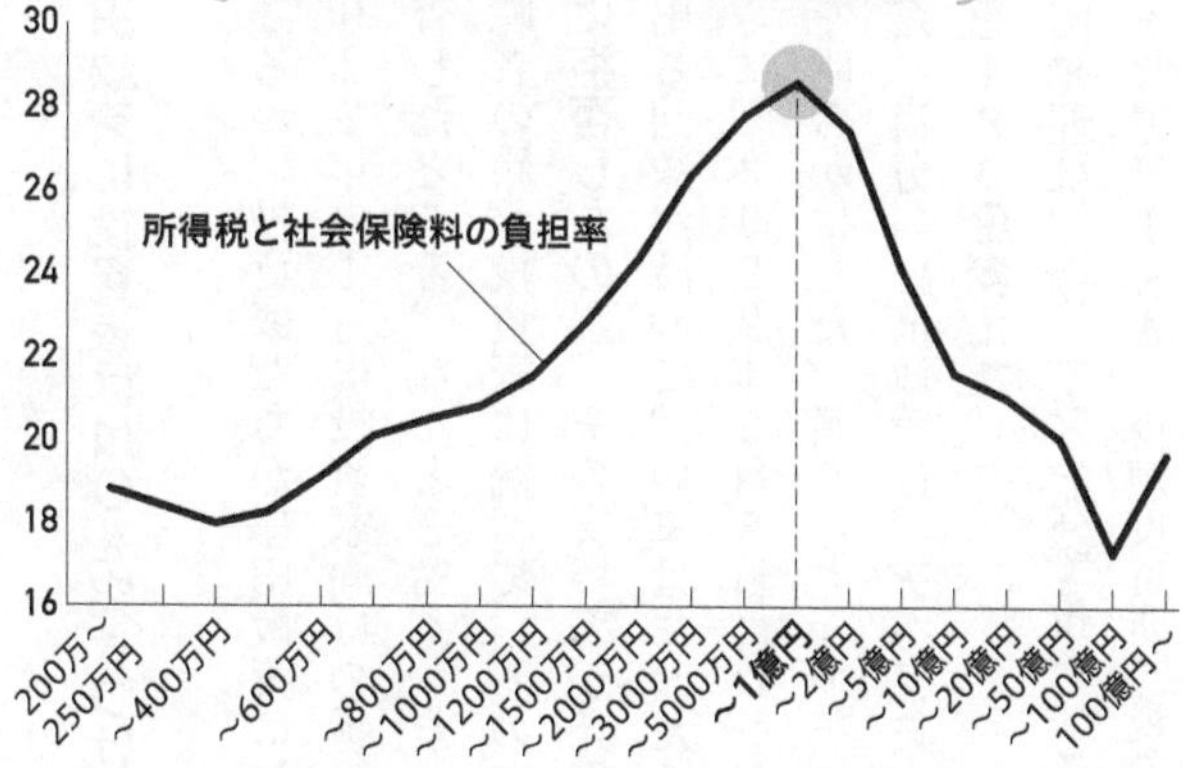

（注）財務省資料をもとに作成。

をしよう」と言っていた。これに私は拍手喝《かっ》采《さい》した。

　岸田総理は看板政策として「新しい資本主義」を掲げている。私はその理念に大いに賛同していたのだ。日本経済は小泉純一郎《こいずみじゅんいちろう》政権以降の新自由主義政策によって、賃金が低下し続けてきた。

　そこで岸田総理はキャッチフレーズとして「分配なくして次の成長なし」を打ち出した。**分配の財源と位置付けたのが「金融所得課税」。投資で稼ぐ富裕層から税金を徴収して、庶民に分配する——。**私はそんな政策に賛同したのだ。

■岸田政策に投資家はNOを突きつけた

ところが、投資家たちが岸田政策にNOを突きつけた。

2022年の1月に投資家向けの番組を放送している日経CNBCで岸田内閣の支持率を調査したところ、なんと3%だった（図2-3）。約96%が不支持との大事件が起きた。視聴者の層が投資家に偏っているので無理もないと言えるが、**投資家は金融所得課税を完全に拒否したのだ。**その支持率が発表されてから、岸田総理から金融所得課税という言葉が出る回数が減って、いまはまったく言わなくなった。

さらに、2022年5月5日にロンドンの金融街、シティで講演した岸田総理は、路線変更を明らかにした。新たなキャッチフレーズ「インベスト・イン・キシダ」を打ち出したのだ。自分の経済政策は、**アベノミクスの転換ではなく、継承・発展だと、それまでの主張を180度変えた。**

岸田総理は、今、「みんなで投資することによって金持ちになりましょう」と言っている。そしてNISA（少額投資非課税制度）の大幅拡充を打ち出した。これは金融所得課

図2－3●岸田内閣の支持率が3％に

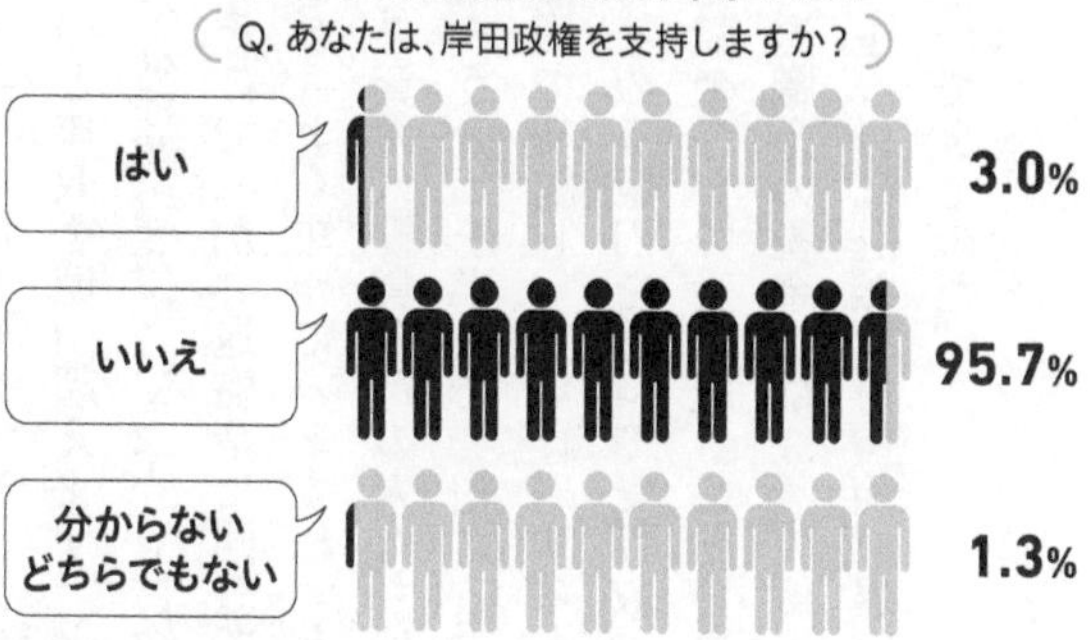

【調査方法】
インターネットを通じた自由回答
日経CNBCホームページにアクセス可能な方は全て回答可能としています

調査対象：日経CNBC視聴者　調査期間：2022年1月27日～1月31日　日経CNBC調べ
出典：日経CNBC

税とは真逆。金融所得減税だ。

金融庁も「インフレにより現金は目減りするからみなさん投資しましょう」と言っている。結果、小銭を投資に回す人がすごく増えている。そして、少し困ったことが起きている。

小銭を投資し始めた人が、**株価が下がるような政策を望まなくなっている。**自分の資産が減るからだ。そうすると、企業の利益を守るために賃金を抑え込んだり、庶民対象の増税をするしかなくなる。**結果、金持ち優遇が進む。公平な分配が阻害される時代になってきている**のだ。

さらに不平等なのは、退職金だ。私がラジ

オで「ゴールドマン・サックスに勤めている人は、初年度の年収が1000万円で5年も経つと年収1億円超えます」という話をしたとき、元ゴールドマン・サックス社員の人に「それは間違っています」と反論された。

そこで私が「退職金に回している分も含めれば1億円を超えているでしょう」と突っ込むと「よく知っていますね」と苦笑いしていた。

外資系の投資銀行の人たちは、入社するときに報酬を「年俸でもらう分」と「退職金でもらう分」を半々で契約する。たとえば年収1億円を給料5000万円、退職金5000万円で契約し、10年経過すると、退職金の積立金が5億円になる。

その5億円を給料で受け取って所得として申告すれば、高い税金を徴収される。しかし、退職金として受け取ることで負担する税金は劇的に下がることになる。

退職金の税金には3つの優遇がある。

1つ目は退職所得控除。退職金にかかる税金を計算する際に退職所得控除を差し引くことができるのだ。

〈退職所得控除の計算式〉

・勤続年数20年以下
40万円×勤続年数（80万円に満たない場合には、80万円）
・勤続年数20年超
800万円＋70万円×（勤続年数－20年）

たとえば、勤続年数が40年の場合、2200万円までの退職金は非課税となる。

2つ目は2分の1軽課だ。

退職金の額が退職所得控除の額を超えても、すべての金額に税金がかかるわけではない。退職所得控除を超えた分に対して、2分の1の金額に税金がかかる。

簡単に言えば、退職金を5億円受け取っても、2億5000万円しか受け取っていないことになる。

3つ目は分離課税だ。

給与所得は他の所得と合算して税金を計算する総合課税の対象だが、退職金は他の所得と分離して計算する分離課税となっている。

厚生労働省の「就労条件総合調査」（２０１８年）によると、定年退職の場合の退職金の支給額は、大卒で１９８３万円、高卒で１６１８万円だから、退職所得控除を適用するだけで、退職金は非課税となる。つまり２分の１軽課と分離課税は意味がないことになる。２分の１軽課や分離課税の恩恵にあずかっているのは、莫大《ばくだい》な退職金を得る人だけだ。ところが、**現在政府税制調査会で検討されているのは、退職所得控除の圧縮・廃止であって、２分の１軽課の廃止は議論の俎上《そじょう》に載せられていない。**つまり、**政府は退職金税制の面でも高額所得者優遇を続けようとしている**のだ。

■退職金の税制優遇は高級官僚のためにある

それはなぜなのか。高級官僚に都合がよいからだ。高級官僚は退職したあと、天下りするわけだが、天下り先で数年働いて莫大な退職金をもらって、次へ移る。これを〝わたり〟と呼ぶ。どんどんわたって、その度に、多額の退職金を受け取ることになる。つまり、外資系の投資銀行の社員と同じことをしているわけだ。だから**彼らにとって２分の１軽課は、何が何でも守りたい利権なのだ。**

さらに、**相続税でも金持ちは優遇されている。**たとえば、相続税には親と同居していると自宅の敷地の相続税評価額が80％減になる「小規模宅地等の特例」がある。しかし、普通の人は使えない。

なぜなら、自宅が狭くて親と同居などできないからだ（非常に特殊なケースでは同居でなくとも認められる）。にもかかわらず、こんな特例が生まれるのは、政治家や超富裕層に有利だからだろう。彼らは都心の大豪邸にゆったりと暮らしている。その土地の評価額が80％減になれば、大幅に相続税を減らすことができる。

一方で、民主党政権時代に決められた相続税増税方針に従って、自民党政権は、２０１５年に相続税の基礎控除を40％カットした。基礎控除とは相続税を計算するときに誰でも差し引くことができる金額のことだ。繰り返しになるが、計算式を示すとこうだ。

〈相続税の基礎控除の計算式〉

・２０１４年12月31日まで
５０００万円＋（１０００万円×法定相続人の数）
・２０１５年１月１日から

3000万円＋（600万円×法定相続人の数）

これは**大増税といわれたが、実態は庶民いじめだ。**それまでは95％の人は相続税と無関係だったが、**いまは東京で一軒家を持っているだけで相続税がかかるようになった。**そんな社会にしてしまったのだ。

100億円、200億円の資産を相続する人からしっかり税金を徴収すればよいと思うのだが、税制改正は、そういう方向にはいかないのだ。

■富裕層のために用意された税金逃れの仕組み

富裕層にはさらなる税金逃れの仕組みが用意されている。

1つ目は**住宅取得資金贈与だ。**

父母や祖父母から住宅取得資金の贈与を受けると、1000万円まで（省エネ等住宅）が非課税になる。

2つ目は**贈与税の非課税枠だ**（図2－4）。

図2−4●富裕層に用意された税金逃れの仕組み

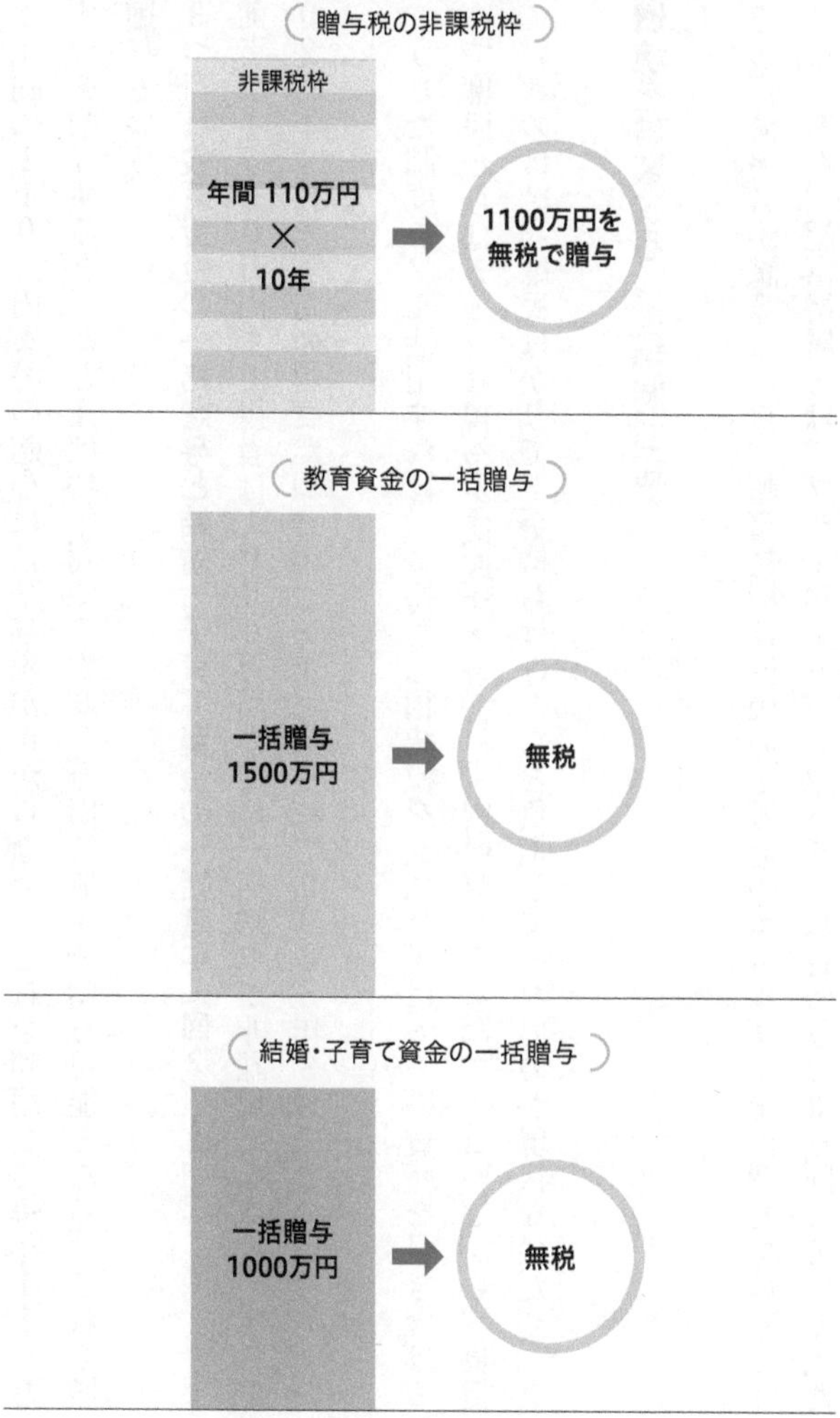

1年間に110万円までの贈与には贈与税がかからない。これを利用して毎年110万円ずつを贈与すると、たとえば10年間で1100万円を無税で贈与可能となる。これを暦年贈与という。

3つ目は**教育資金の一括贈与と結婚・子育て資金の一括贈与**（図2－4）。前者は1500万円まで後者は1000万円までの一括贈与が非課税になる。いずれも2021年3月末までの制度だったが、2年延長されて2023年3月末までになっている。

こうした制度をフル活用すれば、金持ちは相続税を支払わずに多くの資産を引き継げる。一方で庶民からはガッツリ税金を徴収する。「日本の財政が大変だ」と言いながら、負担しているのは結局庶民ばかりで、金持ちはほとんど負担していないのが現状なのだ。

■環境を破壊する〝自称勝ち組〟

ある経済学者が試算したら、超富裕層は庶民の1万倍のエネルギーを浪費しているそうだ。もちろん、超富裕層とは、プライベートジェットを下駄替わりに乗り回している人たちのことなのだが、そこまで行かなくても普通のいわゆる勝ち組も、エネルギーを大量消費して、地球環境を破壊している。

タワマンは家に帰るだけでエレベーターを100メートルほど持ち上げなければならない。それだけでとんでもない電気を使っている。

水道も自然には出ない。無理矢理ポンプで水を押し上げなければならないのだ。冷暖房は集中管理されていて、放っておいても床まで暖房してしまう。洗濯物は干してはいけないルールになっているので、すべて電気乾燥機で乾かす。

タワマンはとてつもなくエネルギーの無駄遣いをしているのだ。そんな住宅を増やしていったら、地球環境が壊れるに決まっている。私はそう思う。

そこで私が勧めているのが、〝**トカイナカ暮らし**〟だ。ただ、わが家の周辺にも、いまは住宅がたくさん建てられているので薪ストーブは難しい。しかし、それも少し都心から離れれば可能だ。ノンフィクション作家の神山典士《こうやまのりお》さんがソーシャルシェアハウス「トカイナカハウス」を運営している、埼玉県ときがわ町《まち》まで行けばできるのではないかと思っている。

■トカイナカは終の棲家に最適な地域

私が住んでいる埼玉県所沢《ところざわ》市には、ひと通りの都市機能があって、〝トカイナカ暮らし〟にはちょうどよかったのだが、少し都市化しすぎてしまった。今や所沢《ところざわ》駅の周辺には、タワマンがたくさん建っている。

トカイナカ暮らしを初めて知った人のためにあらためて紹介しておこう。

私は定年後の住まいの選択肢として、**①大都市に住み続ける、②田舎に移住する、③都会と田舎の中間のトカイナカに住むという3つのパターン**があると考えている。

トカイナカの定義は、まだ厳密に定まっていないが、都心から直線距離で40キロから60キロ程度の地域だと考えている。言い換えれば、列車で都心から1時間前後で到達できる地域となる。

東京圏で言えば、圏央道（首都圏中央連絡自動車道）周辺の地域だ。

トカイナカには田園風景が広がり、田舎に近い自然環境が得られる。それでいて都心に通勤する人も多くて、一定の人口密度があるから、都市機能もそれなりに備わっており利便性は高い。

人間関係も田舎ほど濃密ではないものの、都心ほど空疎でもない。**あらゆる意味で都会と田舎の中間だから、両者のいいとこどりができる場所**と言える。

所沢もトカイナカ暮らしに適した場所だったが、最近は都市化が進んでしまい、少し状況が変わってきた。

先日も不動産会社がわが家に挨拶《あいさつ》に来て、「この辺は、まったく土地の値段上がっていませんけど、所沢駅の周辺だけはバブルになっていますよ」と言っていた。

つまり、所沢駅周辺にも自分は富裕層だと勘違いした、自称エリートサラリーマンたちがやってきているということだろう。彼らがガンガン稼いで税金と社会保険料を支払ってくれるのはよいのだが、その暮らしで本当にいいのか、心配になる。

私からすれば、不幸にしか見えない。「年をとってから、この人たちはどうするんだろう」と考えてしまう。

■税金は庶民に押し付けて富裕層は一切払わない

タワマンに住むようなパワーカップルは、できるだけ上層階を買いたがる。そこから下界を見下ろして、「俺ら勝ち組だぜ」と自分に酔っているわけだが、夫婦ともに35年ローンを組んでいたりする。

夫婦どちらかがリストラにあえば、すぐに破綻《はたん》するし、タワマンの資産価値が暴落する可能性もある。現実に韓国や中国ではひどいことになっている。不動産バブルが崩壊して売るにも売れない。しかも金利が上がってきているので、住宅ローンが返せなくなってきている。

トカイナカで自産自消の生活をすることは、災害時にも安心だ。流通が止まって食品が買えなくなっても、わが家は畑からジャガイモやサトイモを掘ってくれば何とかなる。政府は30年以内に7割の確率で首都直下地震が発生すると言っているが、リスクはそれだけではない。東京北部に線状降水帯が停滞して荒川《あら》が決壊すれば、東京23区の3分の1が浸水する（図2－5）。私の事務所は東京都中央《ちゅうおう》区の八丁堀《はっちょうぼり》にあるが、浸水深2メートル80

図2－5●荒川の決壊で23区の3分の1が浸水

荒川3D洪水浸水想定区域図　~3D洪水ハザードマップ~

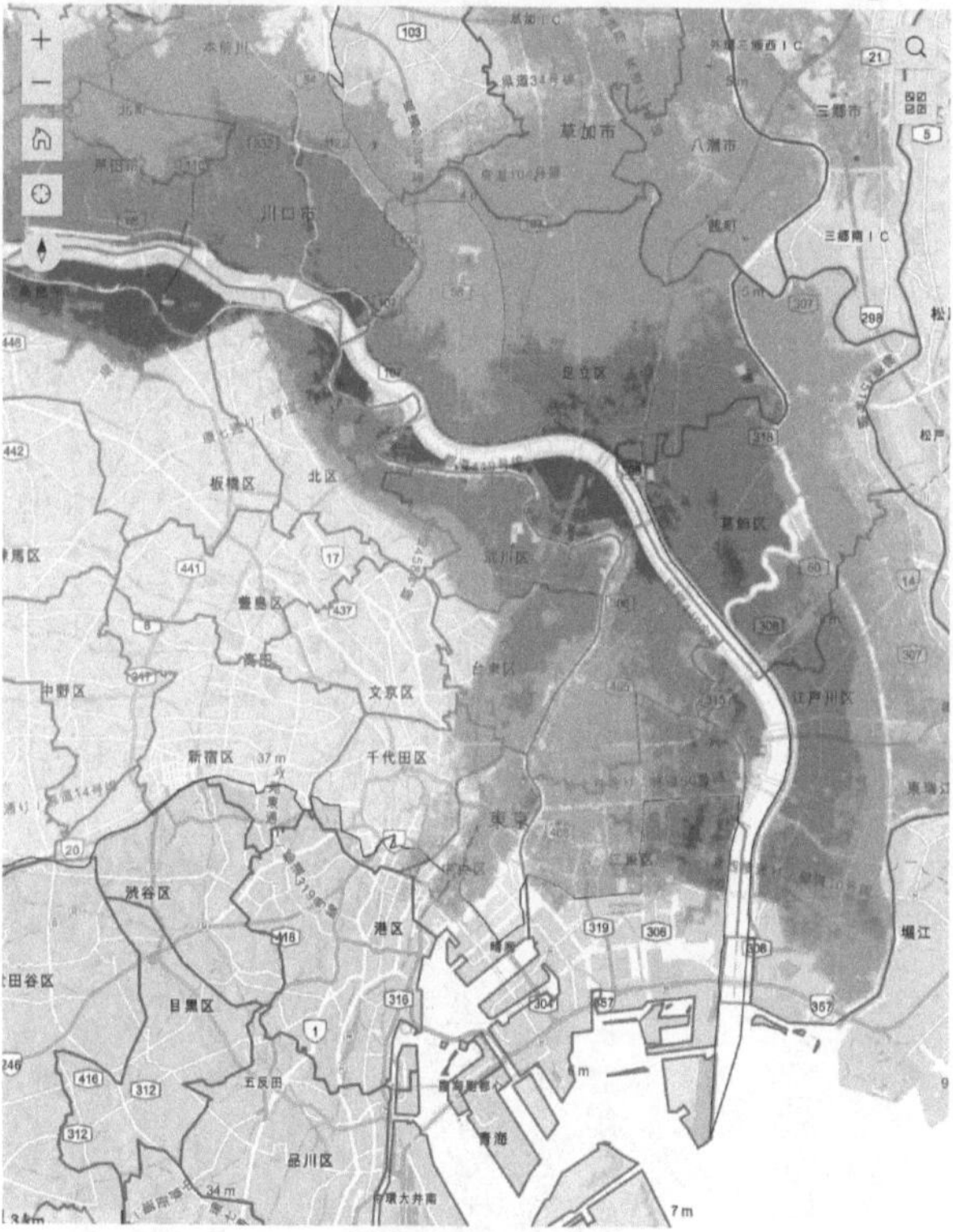

最大浸水深

- 0.5m未満の区域
- 0.5m～3.0m未満の区域
- 3.0m～5.0m未満の区域
- 5.0m～10.0m未満の区域
- 10.0m～20.0m未満の区域

出典：荒川下流河川事務所

センチになるとされている。1階の天井付近まで水没することになる。

それでも政府は国民のライフスタイルを根本的に転換させようとは考えていない。資本主義の奴隷として国民を位置付けているからにほかならない。そのほうが都合はいいのだ。税金は庶民に押し付けて富裕層はほとんど払わない国にしようとしているのだ。

■今の国民負担は江戸時代の四公六民を超えている

江戸《えど》時代には四公六民という言葉があった。お上《かみ》の取り分が4割で民間が6割という意味だ。それを超えて公の分を増やすと、一揆《いっき》が起きるからやめようと考えた。しかし、今の日本はすでに五公五民になっている。五公五民を超えてさらに年貢を取ろうとしているのに、一揆が起きる気配もない。

私の世代は中学生のころに全共闘の影響をもろに受けている。教室にバリケードを作って教師が入れないようにするなど、多くの中学生が学生運動をしていて、私の中学校の卒業式には私服ではあるが、機動隊が待機していた。

私の一番の親友は、その中学を卒業したあとに三里塚《さんりづか》闘争に参画して、催涙弾の水平撃ちを食らった。催涙弾は幸い、彼の鉄パイプの正面に当たって跳ね返ったので助かったが、1センチでもズレていたら彼は死んでいただろう。彼は三里塚闘争を経て、国鉄に入社して、国労闘争をずっとやっていた。

その後、50代前半のときだったと思うが、彼からメールが来た。「森永、俺はついに主任になる」と。入社して50代までずっと平社員で、新入社員と給料が変わらなかったそうだ。

そのあとは、定年になって天下り先をあっせんしてもらったようだが、職場は駅の食堂だったそうだ。しかも年収は200万円台。それに本人はブチ切れて「今すぐ辞表を叩《たた》きつけに行く」と言ってきたので、「いや、待て、待て。次を決めてから叩きつけろよ」と私は説得した。

我々の世代は、「戦って日本を変えるんだ」という明治維新と同じような思想を持っている。

■今の若者は視野が狭い？　しかし、気づき始めている人も

　ところが、今の若者はどう考えているか。そんな高齢者を「馬鹿じゃないの？」と思うだろう。「戦うなんてコスパが悪いじゃん」というのだ。

　自分たちの生活が苦しいのはなぜか。それは「マーケットでバリューがないからだ」と言う。文句を言っている暇があったら、勉強して資格を取ってキャリアアップ転職をすればよいとの発想だ。

　彼らの世界観の中に「世の中を変える」選択肢はない。今ある環境を前提に、その中でいかに最適化して自分の小さな花畑を作るか、それだけに関心を持っている。その結果、資本家にすっかり騙《だま》されて、どんどん搾取されてしまう。

　言い換えればものすごく世界が狭いわけだが、なかには気づく人もいる。ふるさと回帰支援センターの相談件数がコロナ前から急増していて、今は5万件程度になっている（図2－6）。**若者たちが今、田舎らしい田舎を目指しているというのだ。**

図2－6●移住希望者は増加している

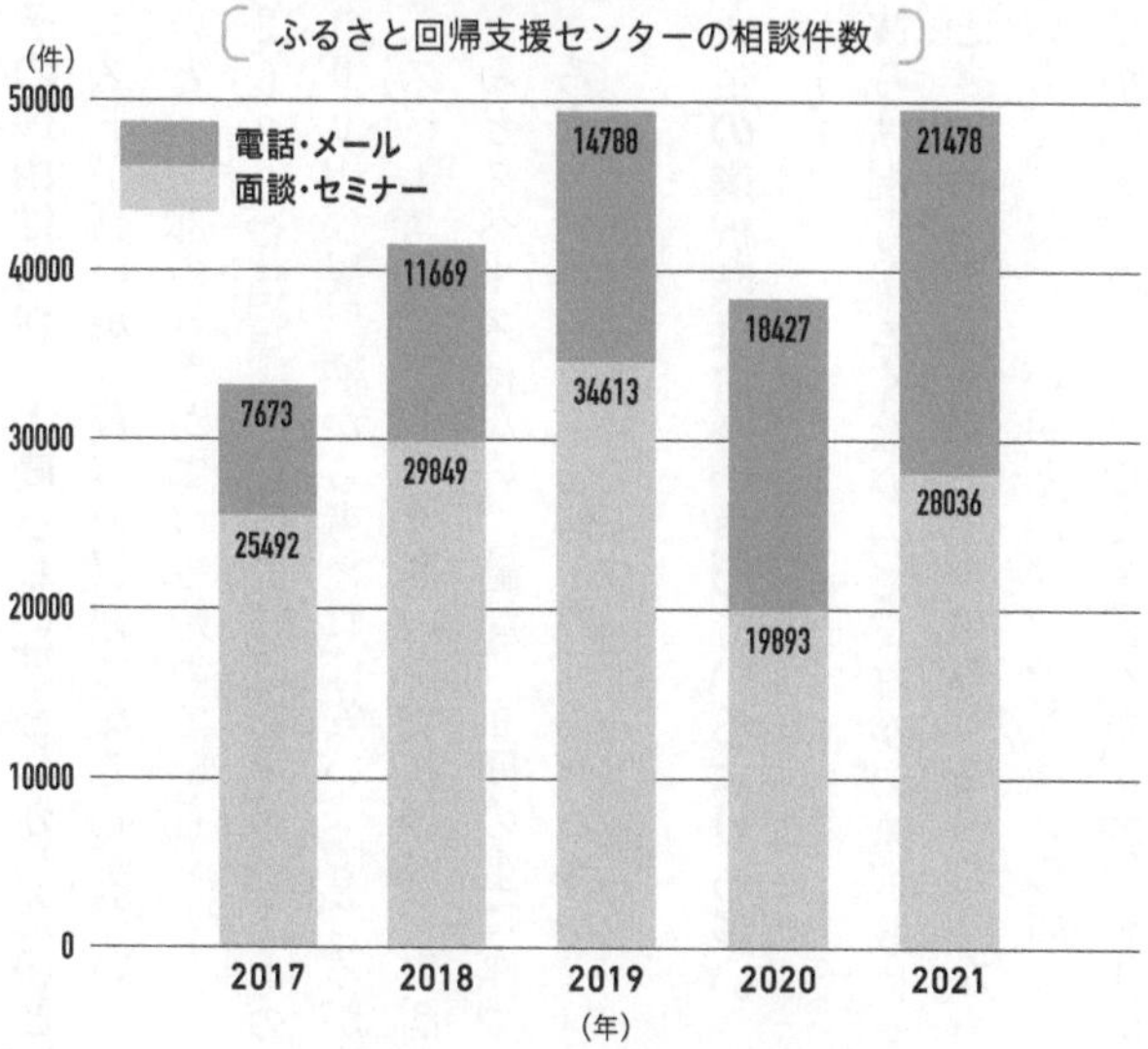

移住希望地ランキング(窓口相談者・2021年)

順位	都道府県
1位	静岡県
2位	福岡県
3位	山梨県
4位	長野県
5位	群馬県
6位	広島県
7位	宮城県
8位	岐阜県
9位	栃木県
10位	神奈川県

出典：認定NPO法人ふるさと回帰支援センター

その理由は何か。人間らしい暮らしがしたいということだ。都会で暮らそうとすれば生活コストが高いから資本の奴隷になるしかない。であれば、田舎で自由に暮らしたほうがいいと、一部の若者が気づき始めている。

2020年に東京・四ツ谷《よつや》で新築アパートの入居者の募集があった。家賃は月7万8000円。場所柄から考えれば安い。ところが物件の概要を見ると3畳一間だった。そんなスペースに7万8000円を支払って、生活をしなければならない。布団を敷いたらほとんどスペースはない。結局、布団の上に座ってずっとスマホをいじっているようになるだろう。ブロイラーと何が違うのだろうか。

■人生の選択肢は自分で思っているよりも多い

彼らは視野が広くないので、ほかの選択肢に気づかない。『日経《にっけい》テレ東大学《とうだいがく》』に出演したときに会ったeggモデルのみりちゃむさんも「田舎なんかに行くのいやだ。東京が楽しいもん。おいしい店とかファッションの店とかいっぱいあるし」と言う。

私が「ファッションなんて資本家が流行を仕掛けて、それにみんなが高いお金を支払って乗っかっているだけ。君がそのファッションに高いお金を支払うのは、知らず知らずのうちに資本家を利しているだけなんだよ」と言っても「だって着たいものを着ればいいじゃん」と反論された。

この発想は若者に限らず、多かれ少なかれ中高年の会社員も同じようなものだ。

私は好きな仕事、楽しい仕事をしたほうが絶対に幸せだと思う。そのための選択肢はいろいろあるはずだ。ニッポン放送のラジオ番組に、小屋暮らしをしている「まさやさん」が出演してくれた。

彼は営業の仕事で精神的に追い詰められ、もう駄目だと感じて千葉の山林80坪を1坪1万円で買った。そこに小屋を建てて暮らそうと考えたのだ。

スタジオから彼に電話をつないだのだが、そのときにはまだ小屋を建てておらず、テント暮らしをしていた。ただ、カーポートを先に作っていたので、その屋根に降った雨の水をためて生活用水にしているという。飲料水は食品スーパーで無料の水を入手していた。

私が新鮮だったのは、テント暮らしでも住民登録ができると知ったことだ。郵便も届くし、何の支障もないと彼は言っていた。

彼はブログで記事を書くなどして収入を得ているのだが、パソコンを使う電源が必要になる。そのためにポータブルの太陽光パネルを設置している。それで十分にパソコンは利用できるという。

毎月の生活費を聞いてみると、「2万円あれば十分に食べていける」と言った。彼は農業もしていない。食品スーパーで安い食材を買って生活している。車は持っていないが原付バイクがある。それでも毎月2万円あれば、生活ができる。何のストレスもないというのだ。

■FIREも簡単ではない

最近、FIREを目指す人が増えている。FIREとは「Financial Independence, Retire Early」の頭文字を取ったもので、**「経済的自立」を手に入れて「早期リタイア」すること。**

FIREのベースとなる考え方が「4%ルール」だ。もともとはアメリカの過去70年間の株式収益率である7%を引き合いに出して、物価上昇率の3%を差し引いて4%の実質収益率が得られるであろうことを前提にしている。

この4%という数字は絶妙な水準と言える。たとえば、数年前に日本でもベストセラーになったトマ・ピケティの『21世紀の資本』で紹介された過去200年の世界の資本収益率は5%だった。確かに5%の収益率が得られれば、税金を20%引かれても、4%は手元に残る勘定になる。

これを信じて4%ルールが実現可能だとして、投資収益だけで生活するために必要となる投資元本がどれほどになるかを計算してみよう。

仮に1年間に必要な生活費を300万円（月額25万円）と仮定すると、次のような計算が成り立つ。

300万円（年間生活費）÷4%（期待リターン）＝7500万円（必要な元本）

つまり、7500万円の資産を築けば、後は一生遊んで暮らせるということになる。

7500万円という金額は一見、不可能にも思えるが、最近は株高のおかげで、達成する若い人が続出している。

たとえば、共働きで子どものいない夫婦が節約を徹底して、年間300万円の貯蓄を続ければ、25年間で達成できる。仮に所得がそれほど高くなくても、不可能ではない。私が知っている節約家は、年収300万円で年間200万円の貯蓄をしていた。

株高の波に乗って、予定以上に早く目標金額を達成した人も少なくない。30代、40代で会社に辞表を提出して悠々自適の生活を始めている人もいる。

■年金生活で4%ルールは難しい

ただ、私には危険な人生設計に見える。**利回り4%の運用が実現できなければ、生活プランが根底から覆ってしまうからだ。**

銀行預金や国債などの元本保証の金融商品で4%の利回りが得られれば問題はないが、いまだゼロ金利が続く日本では難しい。手取り4%の利回りを確保しようと考えれば株式などのリスクのある商品に投資することが前提になる。

株式市場は、継続的に価格が下がっていくこともある。毎年安定的な収益を得ることは難しい。実際に1981年から2022年までの日経平均株価の推移をみると、タイミングによっては、大きな収益を得ることも可能だ。

しかし、タイミングを間違えば大きな損失を被る。少なくとも、毎年安定的な収益を獲得することなどあり得ない。

私はバブル崩壊が近いと考えているが、前回のバブル崩壊の直前の1989年に7500万円の貯蓄に成功して会社を辞めた人がいたとしよう。

その直後にバブルが崩壊して株価が暴落する。仮に1％の配当利回りが得られたとしても年間の配当金額は75万円にしかならないから、毎年300万円の生活費のうち、不足分の225万円は資産を取り崩していくことになる。

結果、株式の値下がり損と取り崩しのダブルパンチで、資産は13年でゼロになる。7500万円の貯蓄を持つ富裕層から、無職かつ無一文に転落してしまうわけだ。

そのときにまだ若ければ裸一貫から出直すことは可能だが、すでに年金生活に入っていれば、難しい。

老後生活に入ってからは、投資で大きなリスクをとるのは現実的ではない。

第3章　待ち受ける消費増税

■消費増税は時間の問題

すでに消費税の増税（消費税率のアップ）は、俎上《そじょう》に載せられている。これは過去の税収の動きから見て確かなことだ。**消費増税で増えた税収のかなりの部分は、法人税の減税に回っている。**これは単純に法人税と消費税の推移をみれば明らかだ（図３－１）。

この点について、２０２２年６月19日のＮＨＫ『日曜討論《にちようとうろん》』で自民党の高市早苗《たかいちさなえ》政調会長（当時）が「消費税は法律で社会保障に使途が限定されている」と否定したが、お金に色はついていない。社会保障費は、最大の歳出項目だから、消費税が充てられていると強弁しても、表面上は矛盾しないのだ。

ただ、「金持ちと大企業の減税」と「庶民と中小企業の増税」は常にセットで実施されてきた。それが小泉純一郎政権以来ずっと続いてきている。

それをやめれば庶民の負担増はなくなるのだが、増税派議員はいつも「消費税は全額社会保障の財源になっている」と言う。

これも２０２２年６月26日のＮＨＫ『日曜討論』での発言だが、自民党の茂木《もてぎ》敏充《としみつ》幹事

図3－1●消費増税分は法人税減税に回っている

（法人税と消費税の推移）

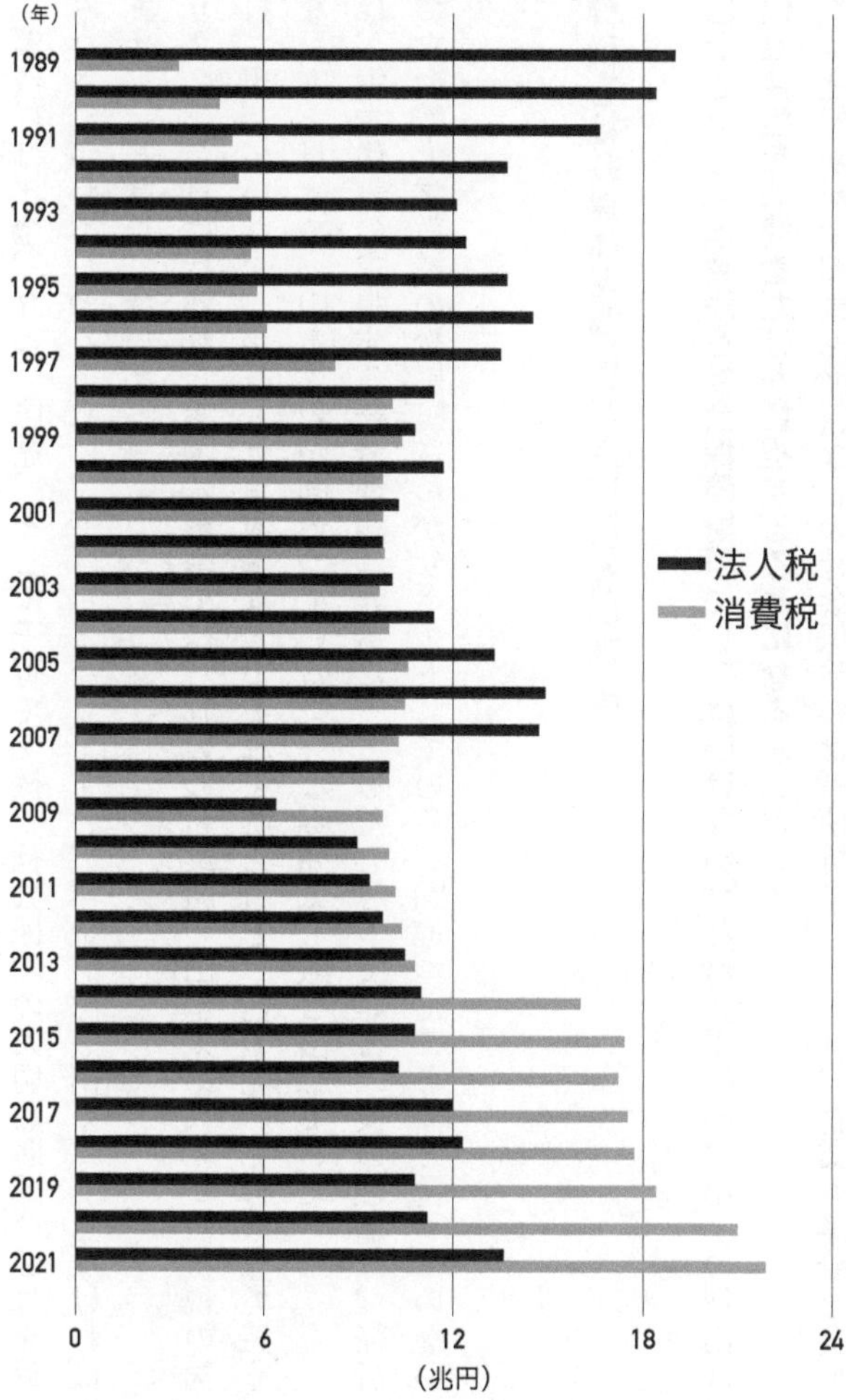

長は「消費税は年金、介護、医療、そして子育て支援、社会保障の大切な財源。これを野党のみなさんがおっしゃるように、下げるとなりますと、年金財源3割カットしなければいけません」と言って脅した。

2022年7月に行われた参議院選挙では、れいわ新選組の山本太郎《やまもとたろう》代表が消費税の廃止を打ち出していた。しかし、党首討論などでそれを訴えると、他の党の党首は鼻で笑うような反応を見せて、山本代表が間違っているような雰囲気を醸し出していた。

私は、山本代表の主張する経済理論は非常にまともだと思っている。彼の理論は、経済学者で立命館大学教授の松尾匡《まつおただす》さんがサポートしている。間違ったことなど言っていないのだ。

■消費税を社会保障財源にしてはいけない理由

私はそもそも「消費税を社会保障財源にしてはいけない」と考えている。第1の理由は、社会保障負担を消費者だけが負担することになるからだ。

厚生年金保険料や健康保険料などの社会保険料は労使折半、つまり、企業も半分を負担している。

ところが、**消費税は消費者だけが負担する。**高齢化で苦しいからみんなで協力して支えましょうと言っているときに、それをすべて消費者に押し付けることになるのはどうだろうか。

それが消費税を社会保障財源にすることの本当の意味なのだ。企業にとってこれほど都合のいいことはない。自分たちにはなんの負担もなくなるわけだから。

そして第２の理由は、**消費税の逆進性**だ。

低所得者層ほど収入に対する税負担率は高くなる（図３－２）。低所得者の場合、収入の８割程度を消費に回しているから、８割に消費税がかかる。

富裕層は収入の３～４割しか消費に回していないので、それだけ税負担率は低くなる。消費税率が同じ10％でも、低所得者は８割×10％で実質８％だが、富裕層は３割×10％で実質３％にしかならない。とてつもない不平等が存在している。

■富裕層は消費税を1円も支払わずに暮らせる

それどころか、富裕層は消費税を1円も支払わずに暮らすことも可能だ。よく聞くのは、「消費税は誰でも買い物したときに支払うから平等だ」との主張だ。しかし、現実にはそんなことはない。少なくとも私の知っている富裕層で、消費税を自ら負担している人はほとんどいないのだ。

それはなぜか。富裕層の多くは自分の会社を持っている。たとえば庶民は自分のお金で車を買う。しかし、富裕層は会社に車を買わせている。**彼らの暮らしは、大部分が会社の経費で賄われている。**

すると、車に課されている消費税は、仕入れ控除の形で申告の際に戻ってくる。それは車の保険料、ガソリン代、車検代も同じだ。ありとあらゆる付帯経費も全部会社で経費に計上しているから、1円も消費税はかかっていない。

テレビ朝日系列の『朝《あさ》まで生《なま》テレビ!』で一度、大喧嘩《げんか》したことがある。私が「ゴルフだってみんな会社の経費で行っている」「ゴルフ場には黒塗りの社用車がいっぱい止まっ

図3－2●低所得者ほど消費税の負担は重い

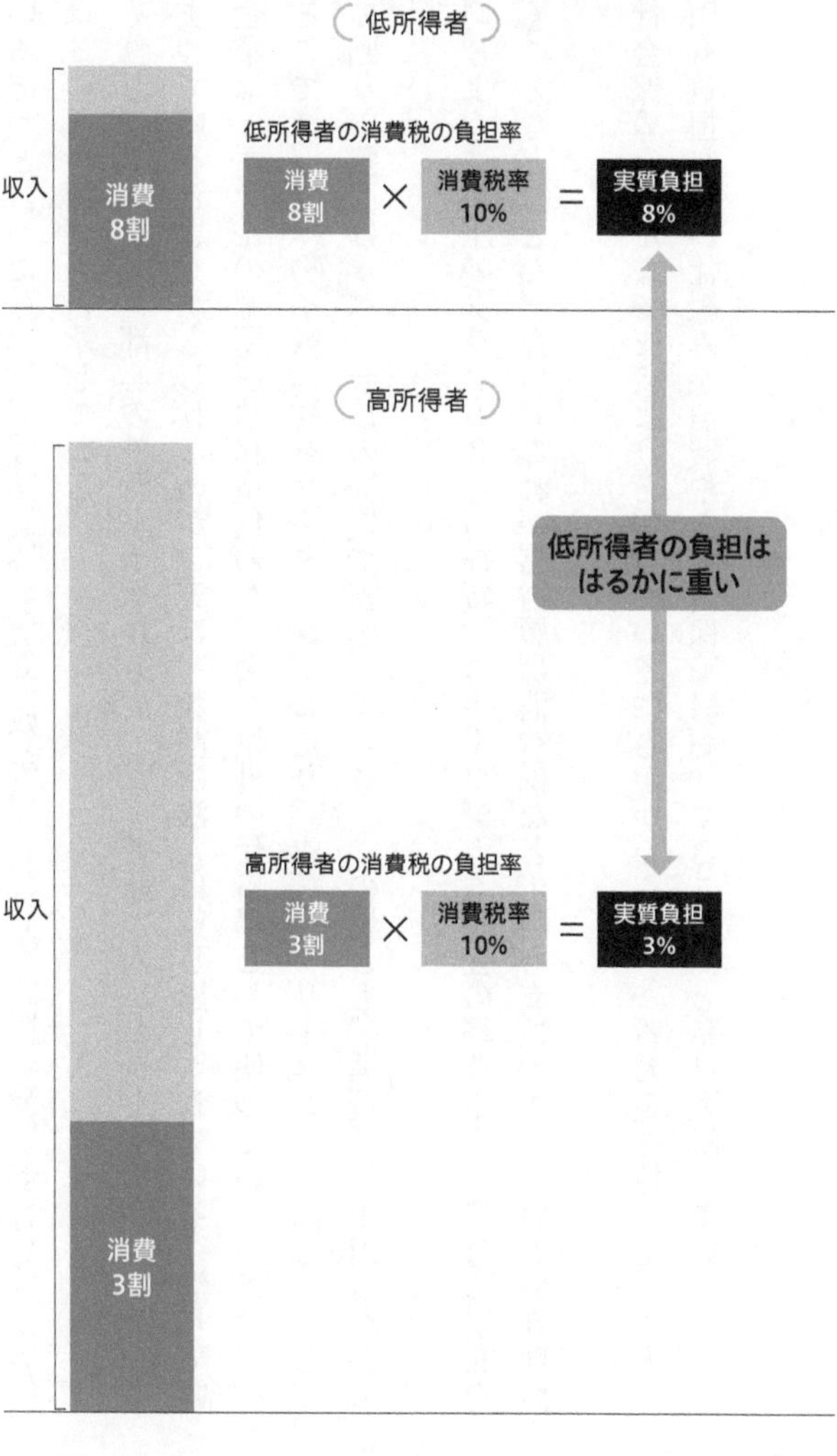

ているぞ」と言ったら、「ふざけるな。そんな奴がいるわけがない」と反論された。ただ、私はこの目で何度も目撃している。

それだけではない。都心の外資系ホテルも同じだ。普通の人がお金を支払ってホテルに泊まっていると思うかもしれないが、実は、数割は法人に貸し出されている。借りている企業は、ホテルの部屋を執務室代わり、会社以外の仕事場として使っているのだ。

そこでは、食べ物や飲み物をケータリングしたり、衣類をクリーニングに出したりして、身の回りの費用はすべて会社の経費で支出している。この場合も、消費税は1円もかからない。

同じように銀座《ぎんざ》のクラブも会社の経費、スポーツジムも会社の経費……。自分で財布を開くことなどほとんどない。これが富裕層は消費税など1円も支払っていないという理由だ。

社会保障をみんなで支えようと言っているにもかかわらず、一番お金を持っている人が1円も負担しない仕組みが消費税を社会保障財源にすることだと私は理解している。

図3－3●消費税の仕組み

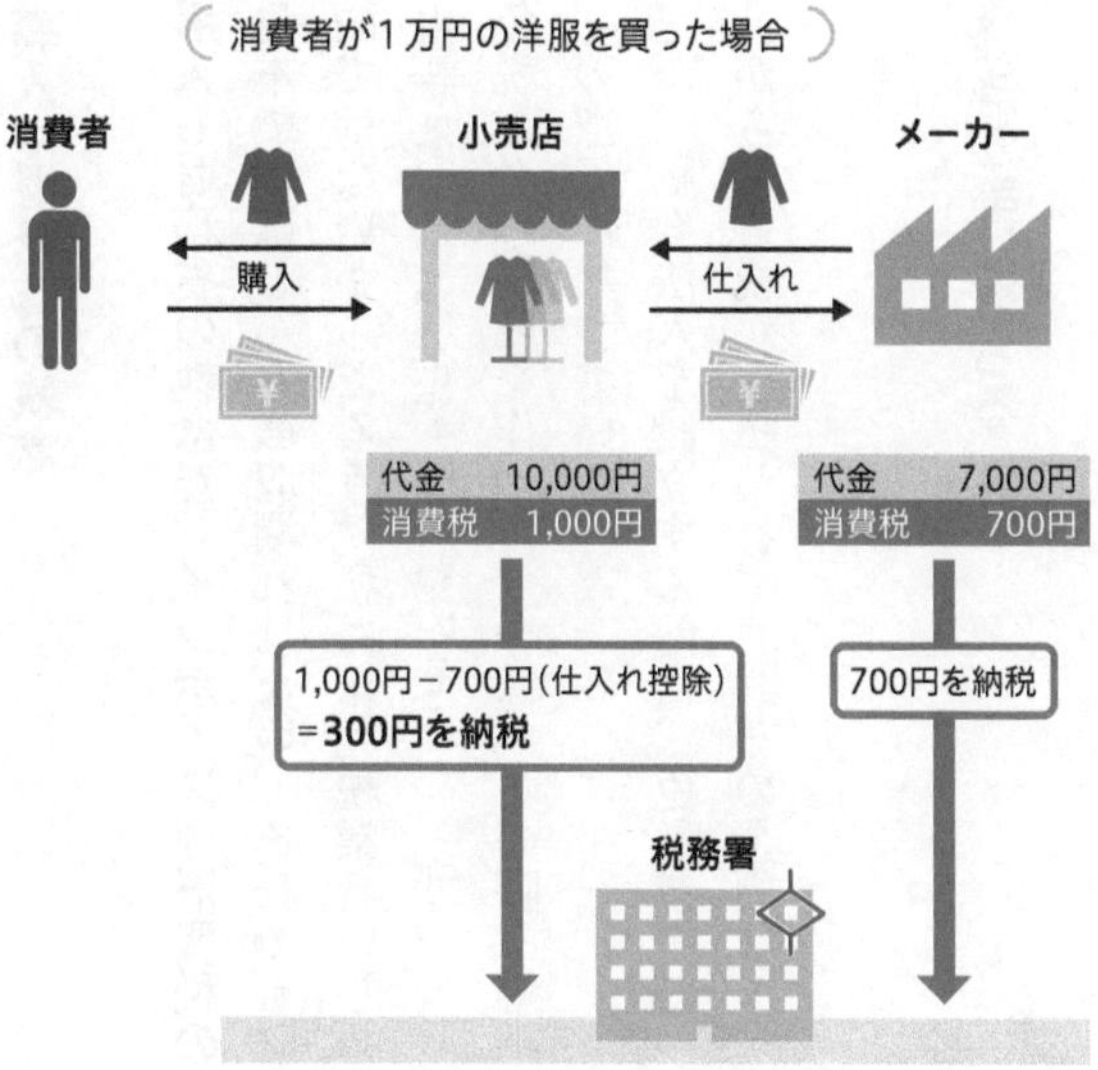
消費者が1万円の洋服を買った場合
消費者
小売店
メーカー
購入
仕入れ
代金　10,000円
消費税　1,000円
代金　7,000円
消費税　700円
1,000円－700円（仕入れ控除）
＝300円を納税
700円を納税
税務署

■インボイス制度の導入は財務省の執念

インボイス制度の導入も財務省の執念だ。**インボイスは消費税の徴収漏れを防ぐための制度**だが、そもそも日本ではほとんど徴収漏れはない。それでも財務省がこだわるのは、脱税を防ぐことが目的ではないからだろう。私には免税業者いじめとしか考えられない。

消費税を導入した当時は、「零細企業はかわいそうだ、守ってあげよう」との気運があった。だからこそ、免税業者の制度を作った。今は「この際、零細企業は整理したほうがいいんじゃないか」との空気になっている。

ずいぶん前のことだが、私も法人を設立する前に、免税業者だった時代がある。そのときは、たとえば出版社から消費税が支払われても、その金額はすべて懐に入れることができた。

■手続きの煩雑化で経済効率は落ちる

消費税の導入当初は、年間の売上が3000万円以下であれば免税業者となることができて、消費税を納付する必要がなかった。それが途中で1000万円以下に縮小された。免税業者の数は大幅に減ったにもかかわらず、インボイス制度でさらに排除しようとしているのだ。

そもそも**消費税の申告の際には、仕入れの際にかかった消費税を差し引くことができる。**たとえば、売上1億円の企業は消費税率10％で1000万円の消費税を納付する必要がある。

しかし、仕入れの段階で500万円の消費税を支払っていれば、1000万円－500万円で残りの500万円を納税すればいい。ところが**インボイス制度の導入で、免税業者に支払った分の消費税は差し引くことができなくなる。**

つまり、企業は二重に消費税を支払うことになるので、**免税業者からは仕入れをしにくくなる。**結局、零細業者は排除される。それが嫌だったら免税業者の条件に当てはまっていても「課税業者になれ」というわけだ。実際、個人タクシーの協同組合のなかには、すでにインボイス制度の導入に合わせて、課税業者を選択することを決めた会社も出てきている。

しかし、課税業者になると、大幅に手間が増える。帳簿を記帳しなければならないのはもちろんだが、ネットで取引したものはすべて、電子版の領収書を保管できるようにしなければならなくなっている。

たとえば、アマゾンや楽天市場で本を買った場合、これまでは領収書をプリントアウトして保管すればよかった。それを電子版の領収書にして日付順にソートして保管せよとなっている。

そんな手間をかけることで経済効率が落ちることを財務省はわかっていない。私に言わせれば、領収書の提出に無駄な時間をかけさせるくらいなら、その分、**本業で頑張ってもらい納税額を増やしたほうがよほどよい。**

■財務省の行動基準は「歳出を1円でも少なくすること」

財務省の行動基準は、「安定的に1円でも多くの税収を得る」ことと「歳出を1円でも少なくすること」だが、**「継続的に発生する支出」には、とてつもない抵抗を示す。**だから、ベーシックインカムの導入などは最も嫌がる。

それでも政治家からの圧力でやらざるを得なくなった場合には、単年度負担で終わるように画策する。その結果、せっかくの経済対策が効果を生まなくなってしまう。

政府は、2022年10月28日に家庭や企業の電気料金の負担緩和策などを盛り込んだ総合経済対策を閣議決定した。岸田総理は、「財政支出が39兆円、事業規模は72兆円で、GDPを4・6％押し上げる。また、電気代の2割引き下げやガソリン価格の抑制などにより、来年（2023年）にかけて消費者物価を1・2％以上引き下げていく」と強調した。第2次補正予算に盛り込まれる一般会計の財政負担は29兆円だ。自民党は当初から昨年を超える財政規模の補正予算を主張し、どうしても30兆円台に乗せることを避けたかった財務省との妥協の産物が29兆円という数字だ。ただ第2次補正予算のうち4・7兆円は予備費で、総額の攻防ばかりが目立つ決定だった。問題は予算の中身だ。

岸田総理は電気やガス料金などの負担抑制で、標準的な世帯で、総額4万5000円の負担減になるとしている。たとえば電気代は2割引き下げるとしており、ロシアのウクライナ侵攻前の水準に戻すとしている。もちろん家計の恩恵は大きいのだが、電気代をそのままにしたら省エネは進まなくなる。温室効果ガス世界資料センターによると、温室効果ガスが大気中に占める割合は、昨年（2021年）、世界平均で観測史上最多を記録している。地球を守ろうと考えたら、省エネは差し迫った課題なのだ。

それでは、経済対策は、どうすればよかったのか。**私は消費税率の引き下げが最適だったのではないかと考えている。補正予算の29兆円という金額は、ちょうど1年間消費税をゼロにできる金額だ。**もし、今回の経済対策でそれを実行できたら、日本経済の復活に向けて大きな効果を発揮することができただろう。

期間限定で消費税がゼロということになれば、その期間に住宅とか自動車とか家具などの金額の張る商品を購入しようとする人が大きく増加する。物価高だけでなく、コロナ禍で厳しい経営を余儀なくされている中小企業の経営にとっても大きな支援となる。中小企業は、十分な消費税の転嫁ができていないところが多いからだ。

さらに消費税を撤廃すれば、消費者物価はすぐに10%下落する。物価高対策としては、これ以上の効果がある対策はないだろう。消費税率の引き下げは、省エネ努力を阻害しない。あらゆる意味で、小出しの対策を積み重ねるより、ずっと有効なのだ。

消費税減税は、絵空事ではない。コロナ禍以降、欧州各国は付加価値税減税を実行していて、ドイツは19%から16%に、イギリスは20%から5%へと税率を大幅に引き下げた。

ところが岸田総理は、国会で野党の質問に答えて、「消費税（率）を下げる考えはない」

と明確に消費税減税を否定した。なぜ日本だけが消費税を下げられないのか。

理由は2つあると思う。1つは、もちろん財務省だ。財務省にとって、消費税（率）は上げるものであって、下げるものではない。実際、2022年10月26日に開かれた政府税制調査会でも、複数の委員から「消費税率をアップすべき」との意見が相次いでいるのだ。

もう1つの理由は、政治的な理由だ。小出しの経済対策を数多く積み重ねれば、そこには必ず利権がついてくる。ところが**消費税率を引き下げても、そこには何の利権も生まれないのだ。**

経済や国民生活が危機的状況に陥るなかでも、利権のことしか考えない。そんなことをしていたら、日本経済は沈没するだけだ。

■財務省の若手官僚は気づいている

最悪なのは、財務省もある意味、「善意」で財政緊縮をやっているという点だ。彼らはそれが正しいと思い込んでいる。財務省の若手と交流のある経済評論家に聞くと、「緊縮財政にすると結局は経済が転落して元も子もないことになる」ことを若手官僚は気づいているという。

日本経済がこの20年間、欧米並みの成長をしていたら、経済規模は2倍になっていた。そうすれば、税収も2倍以上になっていたはずだ。

ところが財務官僚は目先だけを見て、経済を失速させてしまった。それが間違いだったことを、若手の半分ぐらいはわかっている。ところが、公の席で上司にそれを言えない。だからある意味カルト教団と一緒だと私は思う。

財務省がこの教義を確立したのは、1980年代のことだ。

1973年にオイルショックが起きて、それに伴う財政出動を実施した。今の国債は大部分が10年国債だが、その返済は1983年ごろから始まっていて、10年ごとに借り換えをしている。

私が大学を卒業して、日本専売公社に入社したのは1980年だった。最初に主計課に配属されたが、この部署は財務省の手下というか、御用聞きのようなところだった。

当時はまだ大蔵省だったが、1日中、大蔵省の廊下で待機している。ときどき主査が「おい、森永」と呼ぶのに2秒以内で駆けつけないと怒鳴られた。ほとんど奴隷のような仕事をしていた。

そのときに大蔵省の人たちが言っていたのは、次のようなことだった。

――1973年のオイルショックに対応するために、莫大《ばくだい》な財政出動をした。その後、10年経過したから、そろそろ借金返済を始めないといけない。財政を健全化するためには、財政を緊縮化して経済を安定化させなければいけない。ただその場合、法人税は税収が不安定だから、安定して税収が入ってくる消費税タイプのものをやらなければいけない――

■消費税導入のお題目は直間比率の是正だった

そこで中曽《なかそ》根《ね》康弘《やすひろ》内閣のときに売上税を導入しようとしたが、失敗に終わり、結局、竹《たけ》下登《したのぼる》内閣であった1989年4月1日に消費税を導入した。

当時、唱えていたお題目は直間比率の是正だ。日本はあまりに直接税に偏っているから、間接税を増やさなければいけない。**「バランスの取れた税収構造にするのだ」と言っていた。**

その後に、慶應義塾大学の加藤寛《かとうひろし》教授が政府税調の会長になって、直間比率の是正を説いていたのだが、消費税率をどんどん引き上げたおかげで、直間比率は国際的にみて普通になった。その意味でも消費税率を引き上げる根拠は失われている。

■お題目が「社会保障費」に変わった

ちなみに加藤会長が直間比率の是正を言い続けていたとき、大蔵省の官僚から「先生、それはもう言わないでください」とお願いされたそうだ。そのときに**大蔵省が新たに決めた理屈が「このままだと財政破綻《はたん》する」「増える社会保障費を賄うためには消費税しかない」だった。**無理な理屈を立てて現在に至っているわけだ。

前述のように私が若いころ、大蔵官僚は超上から目線で「24時間、廊下に座っていろ」と言っていたのだが、いまは正反対になっている。財務省のホームページを見ると、「消費税の勉強会をする場合は、いつでもどこでも財務官僚が行きます」と書かれている。これを見ても、ある意味カルト教団によく似ている。布教のためだったらどこにでも行くわけだ。

上智大学の名誉教授で日銀の副総裁をしていた岩田規久男《いわたきくお》さんが著書の『「日本型格差社会」からの脱却』の中で安倍晋三政権の金融政策の経緯を書いている。

それによると、岩田さんは金融政策を変えさせようと思い、当時、実力者と言われていた民主党の前原誠司《まえはらせいじ》さんのところに直《じか》談判に行ったそうだ。ところが、前原さんに「金融緩和なんてとんでもない」と門前払いを食らった。

これは駄目だと思って、そのあとに、これも当時は実力者だと言われていた石破茂《いしばしげる》さんのところに行った。一生懸命説明したあと、石破さんは「よくわからねえな」と言って帰ってしまった。

そして最後に行ったのが安倍さんのところだった。安倍さんは真剣に耳を傾けてくれたという。「そうか」「なぜもっと早く俺に言わなかったんだ」と言って、その後に総理大臣になって、本当に異次元の金融緩和策を実行したのだ。

アベノミクスが目指した金融緩和と財政出動は、実は特殊な経済政策ではなく、１００年近い歴史を持つ**マクロ経済政策の王道**だ。デフレを脱却する政策は、それしかないと言っても過言ではない。ところがＧＤＰデフレーターが前年比マイナスを続けるなど、消費者物価の上昇とは裏腹に、デフレが鮮明な日本で、金融と財政の同時引き締めを主張する経済学者が、かなりの数存在することも事実だ。**彼らは、金融の正常化と財政の健全化が必要だと主張するのだ。**

〝経済が中途半端にわかっている人〟は一番始末に負えない。だからこそ、岸田総理は怖い。悪い人であれば手のひらを返す可能性はあるが、岸田さんはよい人だ。よい人が善意で、正しいと思っている政策を実行しつつある。これほど始末に負えないものはないのだ。

第4章　日本経済は世界一健全

■日本とドイツは実質無借金経営

日本には莫大《ばくだい》な借金があるといわれている。確かに国の財務書類を見ると借金、つまり負債は1500兆円ある。しかし、一方で資産も1000兆円ある。7割が金融資産で3割が不動産だ。差し引き純債務は500兆円となる。

これを家計に置き換えてみると、1500万円のローンは組んでいるけれど、預金と不動産で1000万円の資産を持っているから、実質的な借金は500万円、といった感じになる。

また、政府の借金は、国債を発行して買ってもらうことでお金を調達するが、国債を日銀に買ってもらうと、買ってもらった時点で借金は消えてなくなる。

なぜ消えるのか。たとえば、10兆円の国債を発行して日銀に買ってもらうと、政府は10兆円の資金が手に入る。10兆円の国債はいずれ償還期限（満期）がくるので、返済をしなければならないが、そのときに新たに10兆円の国債を発行して借り換えることができる。利息は支払う必要があるが、借り換えを繰り返すことで元本の返済は必要がなくなる。

図4－1●日本は実質無借金

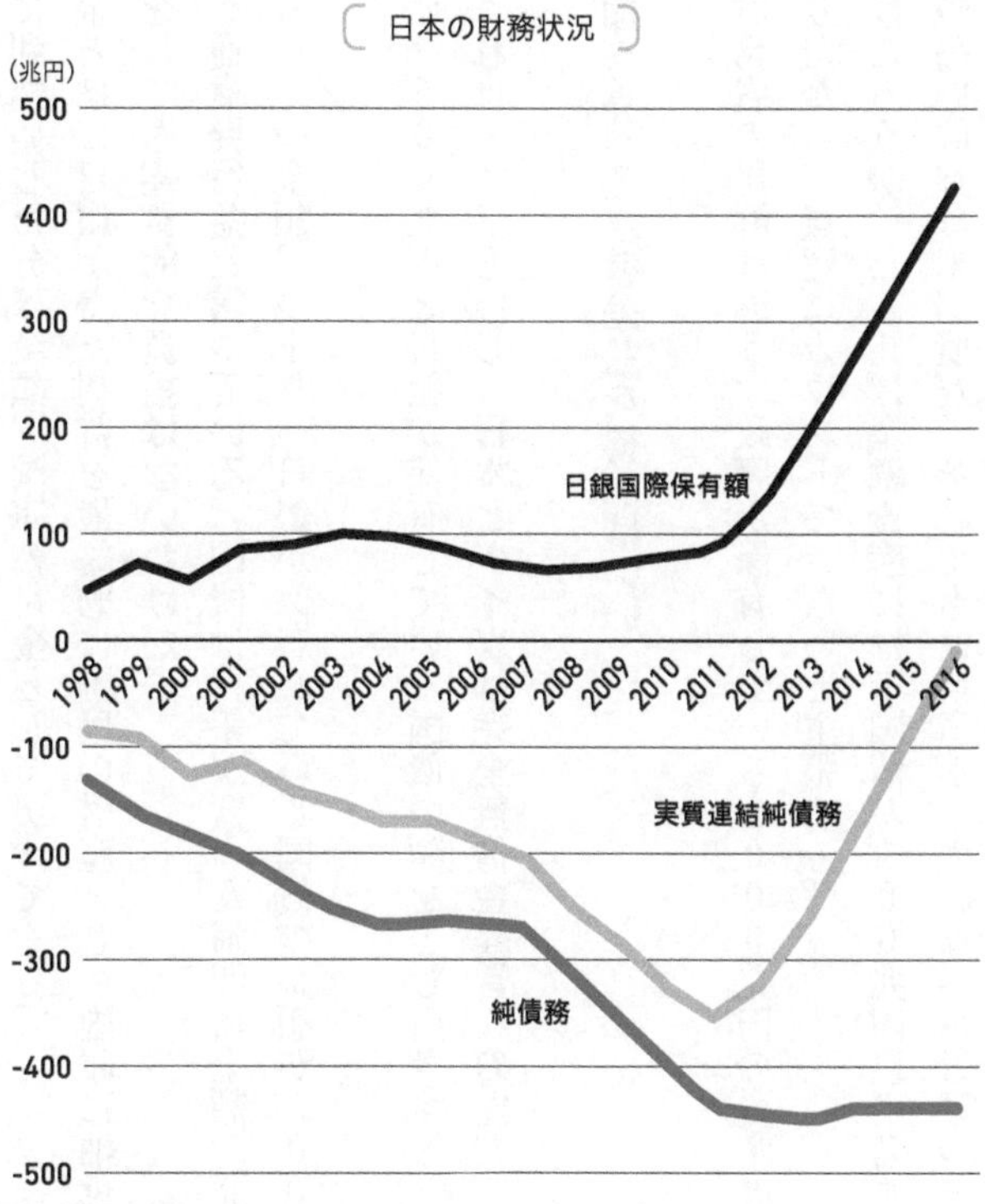

出典：森永卓郎著『消費税は下げられる！』（角川新書）

また、日銀に利払いした分は全額、国庫納付金として戻ってくる。

国庫納付金とは、日銀が得た利益を最終的に国民の財産として国庫に納付するもの。**つまり、借金をしても実質的な負担はないわけだ。**

私はそれを通貨発行益と言っている。国債は日銀が買った瞬間に全額、通貨発行益として戻ってくる。その金額、つまり、日銀が保有している国債の金額が500兆円となっている。

前述の純債務500兆円と日銀が保有している国債の額を差し引きすると、ちょうどゼロになる。これはドイツも同じ。**日本とドイツは完全無借金経営なのだ。**

■米国債を叩き売って為替差益を得ればいい

しかし、財務省の見解は違う。政府が保有している1000兆円の資産は売却ができないものばかりだから、資産にカウントできないと主張する。

本当にそうだろうか。たとえば金融資産には米国債が100兆円以上含まれる。世界で最も流動性の高い債券は米国債だ。それでも財務省が「売れない」と言っているのは、橋《はし》本龍太郎《もとりゅうたろう》内閣のときの出来事がトラウマになっているからだ。

橋本総理（当時）がニューヨークのコロンビア大学で講演して、そのときにアメリカンジョークのつもりで、「いや僕なんか日本政府が大量に持っている米国債を叩《たた》き売っちゃいたい衝動に駆られることがあるんですよね」と言った。その瞬間にニューヨーク・ダウが大暴落したため、それ以来、怖くて誰も言えなくなったのだ。

いまだに日本はその金縛りにあっている。最近（２０２２年夏から秋にかけて）の急激な円安を受けて、政府・日銀は、急激な為替《かわせ》変動に対応するため大規模な為替介入を実施している。２０２２年８月30日から９月28日にかけての介入規模は約２兆８０００億円、９月29日から10月27日にかけての介入規模は約６兆３５００億円だった。約２カ月の累計で約９兆円の介入を行ったことになる。この為替介入は、大きな効果があった。１ドル＝２００円にまっしぐらとも言われた円安トレンドを切り返すことができたからだ。

ただ、日本が介入に使える資金は１４０兆円ある。そのうち１割も使っていないのだ。もし全額使えば、40兆円近い為替差益が転がり込んでくるから、それを使って経済対策も打てる。よいことずくめなのだが、それをしない理由は、**大量に介入をすると、米国債を売らなくてはいけなくなるからだろう。**

あるいは、「不動産も売れない」と財務省は言う。そんなことはない。政府が保有している不動産は超一等地にある。

たとえば、国会議事堂、衆参議長公邸、衆参議員会館、首相官邸、首相公邸、霞《かすみ》が関《せき》官庁街、麴町《こうじまち》と赤坂《あかさか》の公務員住宅……ものすごい値段で売れるだろう。

政府はすでに首都機能移転の法律を成立させている。さっさと霞が関と国会を移せばいい。そうすれば、すべて売却可能になる。別に売る必要はないが、「売れない」というのは明らかな嘘だ。

■NEXCO各社の株式も売れる

財務省は、「道路は売れないだろう」とも言っている。

しかし、イタリアは道路を売った。イタリアはEUに加盟する際、「借金が多すぎるから減らせ」と難癖をつけられたのだ。そこでイタリアは高速道路を民営化して、その株式を売却することで借金を減らした。

日本の高速道路を保有するNEXCO各社は、すでに株式会社化されている。ただ株式を１００％政府が保有しているだけだ。だからやる気になれば、ＮＥＸＣＯの株式を売却して資金を確保することが可能となる。

これまでにもＮＴＴ、ＪＲ、ＪＴの株式を売却しているのだから、できないはずはない。やっていないだけだ。

そう考えると、**やはり問題は純債務だけだし、その純債務は日銀が引き受けている国債で相殺できる。**

■日本の財政は世界一、健全

第１章で紹介したように２０２０年度に１００兆円も借金を増やしたにもかかわらず、経済がビクともしなかったのは、日本の財政が世界一健全だから。

財政が非健全になると国債の金利は上がる。たとえばギリシャは、ギリシャの財政危機のときに国債金利が40％まで上がった。しかし、**日本の金利は、ドイツと並んで世界最低だ。その理由は財政が世界一健全だからだ。**

どこまで借金が増えたら財政が大変なことになって、ハイパーインフレが起こるかは、やってみないとわからない面もある。ただ、100兆円の赤字を出しても大丈夫だったという実績は、とてつもなく大きいと言える。

消費税の税収は地方の税収になっている部分も含めて、総額で28兆円しかない。消費税を廃止してゼロになったとしても何の問題もない。

しかし、財務省は財政均衡主義にとらわれて動こうとしない。財政均衡主義はカルト教団の教義のようなものだ。それに向けてどんどん進んでいる。

岸田文雄総理はカルト教団の教義に最大限の理解を示しているので、このままいくと2023年には恐ろしいことが起こるだろう。

2023年4月8日で日銀の黒田東彦《くろだはるひこ》総裁の任期が切れる。現在の下馬評では中曽宏大《なかそひろし》和総研理事長（前日銀副総裁）が次の総裁になるのではないかと言われている。

この人はタカ派だから、**金融引き締めに出る可能性がある。**

■財政均衡主義という教義を捨てよ

財務省が唱える財政均衡主義という教義さえ捨てれば、日本人はみんな幸せになれるのだが、岸田総理は絶対捨てない。

この先はしばらく選挙もないので、このままの路線が変わることはないだろう。いまの政策は高齢者いじめだから、今後の老後生活は大変だ。斎藤幸平さんが言う**プチ資本家の手先の状況に置かれているのは高齢者だ。**

高齢者は老後資金を持っている。すると、インフレになるのがすごく怖い。一部の人は投資信託などで運用をしているので、株価暴落も怖い。

結局、インフレでもなく株価も暴落しない政策が最も安心で、たとえば賃金を抑えたり、企業の減税をして利益を拡大したりするなど、国民の暮らし改善にまったく結びつかない政策を高齢者は支持してしまう。

それは経済学をわかっていないことが原因だ。私は『朝まで生テレビ！』が終わったあとに、さまざまな人を説得してまわった。しかし、1人として説得に成功していない。立憲民主党の長妻《ながつま》昭《あきら》さんは、結構長い時間を割いて聞いてくれたが、「森永さんの話はさ、理論的にはわかる気がするんだけど、なんか腑《ふ》に落ちないんだよね」という反応だった。山本太郎さんがあれだけ理路整然と言っているのに、理解した人が少ないというのがよくわかる。

■江戸時代の幕府も通貨発行益で財政を回していた

以前、大村大次郎《おおむらおおじろう》さんの『お金の流れで見る明治維新』を読んだ。それによると、明治維新で薩長《さっちょう》が強かった理由がよくわかる。

江戸幕府は参勤交代をさせて地方財政から金を奪い取っていたから、各藩は、みな貧乏だった。その陰で、薩摩《さつま》藩と長州《ちょうしゅう》藩は偽金をつくっていた。薩摩は事実上、琉球《りゅうきゅう》と奄美《あまみ》を自藩の支配下に置いていて、生産させた黒糖をとんでもない価格で買い叩いて、莫大な利益を得ていた。

証拠はないのだが、薩摩は密貿易もしていたらしい。それによって武器や軍艦を買って幕府と戦っていくわけだ。幕府は幕府で小判の金の含有量を下げて、通貨発行益を出していた。明治維新というのはそうしたカラクリで資金を調達しての戦いだった。

江戸時代の幕府でさえ、莫大な通貨発行益を得て財政を回していた。明治維新はクーデターなので、新政府にはお金がない。そこで新政府が何をしたかと言えば、太政官札《だじょうかんさつ》と呼ばれる政府紙幣の発行だ。「これが新しいカネだ」と言って、明治政府の基盤を作ったのだ。

アメリカが沖縄を占領したときもしばらくして「円を使ってはいけない。自分たちが発行したB円」を使えと言った。紙幣にBと書いてあるのだが、「これが沖縄のお金」だと無理矢理に使わせた。軍票を印刷して沖縄の労働者を片っ端から雇って、米軍基地ができあがった。

太平洋戦争のときにはあちこちで軍の紙幣を発行して、紙きれ同然のもので現地の人を使っていた。世界中がそうした通貨発行益を使い続けてきたのだ。

■日本政府も国債で太平洋戦争の戦費を賄った

第1章でも触れたように、日本政府も日銀に国債をすべて買わせて現金にして、太平洋戦争の戦費を賄った。このときのことを考えれば、国債の発行で乗り切れることはみんなわかっているはずだ。にもかかわらず、財務省は「国債を大量に発行すると大変なことが起こりますよ」と言い続けている。

その通貨発行益は誰のものかという議論がまったくなされていない。**私は通貨発行益は国民のものだと思っている。**だから「国民のために使え」と言いたい。しかし、それを使わずにどんどん増税に走っている。しかも庶民をターゲットにした増税だ。

おそらく財政学者の神野《じんの》直彦《なおひこ》さんが言っていたことは正しい。要するに、豊かにしてしまうと国民は怠惰に走る、一生懸命働かなくなってしまう。だからどんどん税金を重くして、食うや食わずのところまで持っていけば、〝彼らは何の反乱もせずに大人しく黙って必死に働き続けるから、政権にとっておいしい国民になる〟という発想だろう。

欧米では、物価高に対して、怒りを込めたデモが頻繁に起こっている。その結果、ドイツは2021年にリベラル政権になった。

ところが、日本では社民党がかろうじて政党要件を満たしているという程度に凋落《ちょうらく》している。誰も文句も言わずに重税に耐えて、低賃金でどんどん働いている、こんなにすごい国は他にない。

■1929年「暗黒の木曜日」の状況に似てきている

私はいまの世界経済が１９２９年の状況にとても似てきていると感じている。１９２０年代のアメリカは自動車・家電バブルだった。自動車はまったく新しい移動手段となり生活を変えた。

１９２０年代のアメ車は圧倒的な存在感を示していた。たとえばテールフィンと呼ばれる車体の後部にヒレがついているアメ車が世界中の憧《あこが》れとなり、圧倒的な国際競争力を持っていた。

今や見る影もないが、テレビや洗濯機、冷蔵庫も同じだ。ウェスティングハウスもゼネラル・エレクトリックも冷蔵庫を作っていたし、テレビにしてもアメリカ製が世界で圧倒的なシェアを持っていた。

当時、アメリカの技術優位は、揺るがないと考えられていた。だから、**アメリカの経済の繁栄は永遠に続くと言われていたのだ。その神話に乗ってニューヨーク・ダウがどんどん値上がりしていった。**

ところが、１９２９年10月24日（暗黒の木曜日）、誰が売ったかはよくわからないが、朝方、ゼネラルモーターズに大量の売り注文が入った。

それをきっかけに暴落が起きた。それが暗黒の木曜日となったわけだが、暴落は１日では収まらなかった。その後、大きな上下変動を繰り返しながら下がっていき、相場が底打ちしたのは1932年の7月のことだった。**3年近くズルズル下がり続けたことになる（図4-2）。**

最終的にニューヨーク・ダウはピーク時の10分の1になった。

暴落が始まった1929年に日本では濱口雄《はまぐちお》幸《さち》総理が誕生した。彼はライオン宰相と呼ばれたが、こだわっていたのはグローバルスタンダードだ。

欧米列強が次々に金本位制に復帰する中で、日本もそれに従わないといけない。世界に足並みを揃えるのだ、と主張したのだ。

ただ、当時の日本は強烈な不況の中にあって、旧平価で金本位制に復帰するのは、とてつもない金融引き締めをすることと同義だった。

濱口雄幸は財政も再建しないといけないと言い、**金融と財政の同時引き締めに出た。**そのときの濱口の言葉が「明日伸びんがために今日縮む」だ。強い信念の下で財政金融同時緊縮を断行したため、日本は昭和恐慌に陥った。

統計が残っていないので当時の様子はよくわからなかったのだが、最近の経済学者の研究によると、4人に1人が失業したという。アメリカも1929年の世界恐慌で4人に1

図4－2●相場の底打ちまで約3年

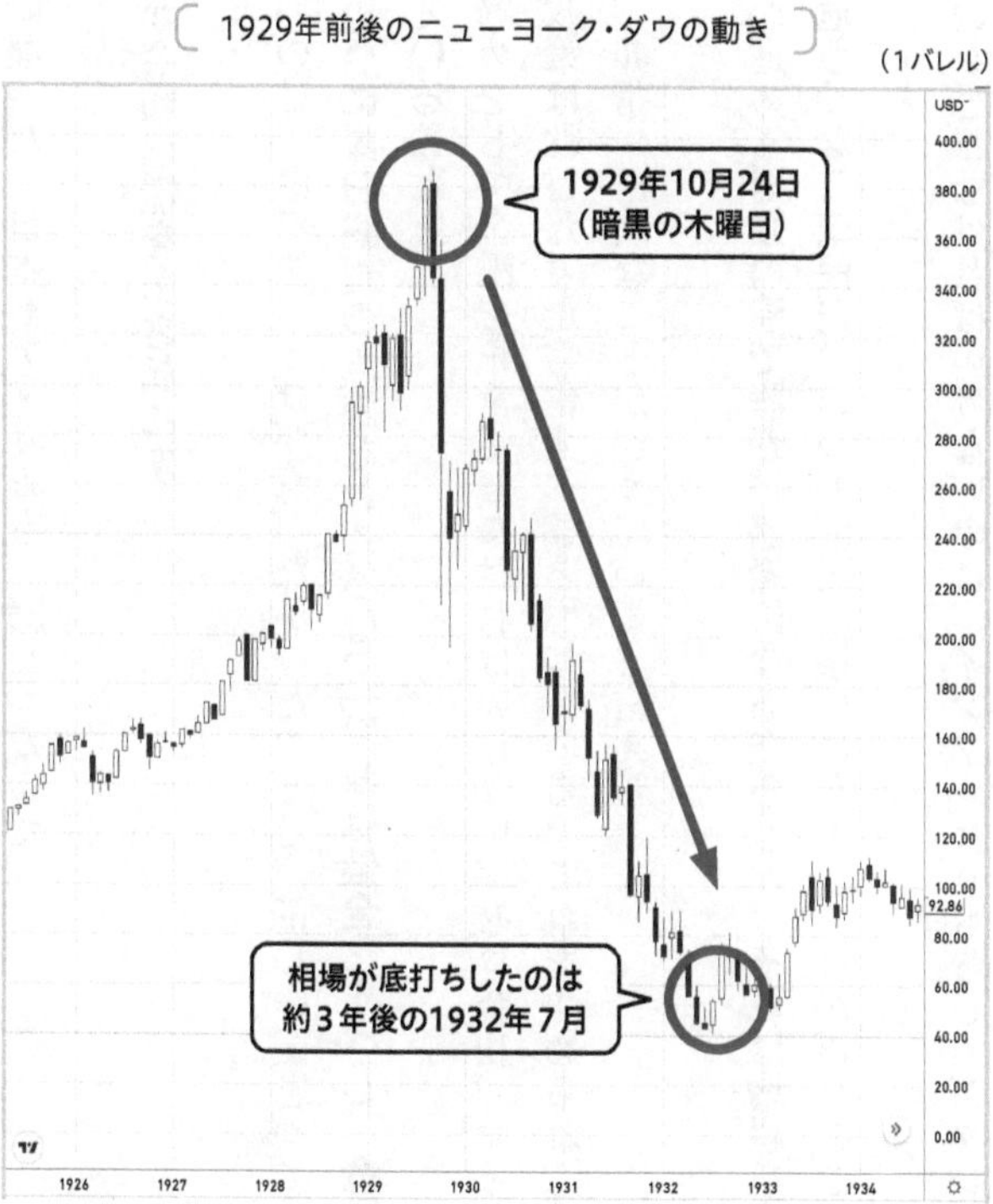

出典：TradingView

人が失業者になった。日本もアメリカも一緒だったのだ。

■岸田総理が令和恐慌を引き起こす

さらに悪いのは、濱口雄幸には悪意がなかったことだ。正しいと思ってやってしまったのだ。**私が思うに岸田総理の危険なところは、「財政は健全化すべし。金融は正常化すべし」と思っていることだ。**

金融引き締めをして金融を正常化しなければいけない。ゼロ金利、マイナス金利などという異常な政策は駄目だ。正常化すべきと思っている。これを止められる人が誰もいない。だからこそ、非常に危険なことが迫っていると言える。

岸田総理が進める**財政再建で誰が被害者になるだろうか。それは増税を食らった上に恐慌で仕事も危うくなる庶民だ。**いつも庶民が犠牲になる。それが再び起ころうとしていると私は思っている。

今後、国民が恐れなければいけないのは、インフレよりもむしろデフレであるにもかかわらず、政府は増税をしようとしている。

私は**増税と金融引き締めによって恐慌が避けられない**と思っている。岸田総理が令和恐慌を引き起こすことになるだろう。

第5章　住民税非課税という最強の武器

■年金の範囲内で暮らせるよう家計の構造改革を

今後、年金給付の大幅な削減が見込まれるなかで、多くの人が貯蓄を積み増そうと励んでいる。お金を貯めておけば、さまざまなリスクに対応することができるから、悪いことではないのだが、私は**高齢期に絶対にやってはいけないことがあると思う。それは、投資、特に米国株への投資だ。**

第4章で述べたように、1929年に始まった米国株の下落は長く続いた。結局、下落は2年10カ月続き、1932年7月に底値を記録したときには、90％もダウンしていた。しかも今の異常な円安の下で米国株に投資したら、今後生じる円高のなかで、老後資金が20分の1くらいに減ってしまう可能性も十分あるのだ。

若い人なら何十年後かに、取り戻せる可能性もあるが、残された人生での回復は不可能だ。**老後資金を失ったら、残りの人生を低賃金で働き続ける以外の選択肢はなくなる。しかも、働けば働くほど、税金と社会保険料を持っていかれるのだ。**

だから、高齢期にやらなければならないことは、**日常の生活コストを年金の範囲内に収**

まるように構造改革して、勤労収入は住民税がかからないレベルに抑えることだ。それが一番、老後の幸せをもたらすのだ。

■日本の賃金はＧ７で最下位に

２０００年ごろまでは、日本の賃金はＯＥＣＤの統計で上位だった。それが、今世紀に入ってどんどん低下しＧ７で最下位になってしまったのだ。それどころか韓国と同レベルまで転落している。

その原因として、学者も政治家も日本が経済成長していないことを挙げる。確かに経済が成長して、労働力需要が増えれば、賃金は上がる。しかし、賃金は労働力需要だけでは決まらない。労働力供給も関係する。

私がこのことに気づいたのは、チャールズ・グッドハートとマノジ・プラダンの著書『人口大逆転』を読んだのがきっかけだった。

著者は、今後世界をインフレが襲うと予測している。

国内で労働力不足になれば、賃金は上昇する。ところが、賃金の安い国から輸入品が大らすからだ。

量に入ってくると、物価は上がらなくなる。実質的に労働力が増えたのと同じ効果をもた

■中国の高齢化が先進国のインフレにつながる

これまでの20年間、先進国は低インフレを享受してきた。その理由は、中国を中心とするアジア諸国から安い商品が豊富に入ってきたからだと、著者は指摘している。

しかし、今後は中国を含むアジア諸国で急速な高齢化が進み、労働力が不足するようになる。とすると、賃金コストが上昇して、先進国へ輸出する商品の価格は上昇する。高齢者は生産をしなくても消費はするので、輸出に回せる商品は減る。**高齢化がインフレにつながるわけだ。**

ただ、ここで疑問が生じる。高齢化がインフレの原因となるなら、世界に先駆けて高齢化が進んだ日本でなぜインフレが起きずにデフレが続いたのか。

その答えとして著者は3つの点を挙げている。①日本も中国などからの低コスト輸入の恩恵を受けていたこと、②バブル崩壊後の需要低迷下にあったこと、③日本企業が海外生

図5－1●労働力人口は逆に増えている

〔日本の労働力の変化〕

（万人）

	2000年	2021年	増減
生産年齢人口	8,656	7,469	-1,187
労働力人口	6,766	6,907	141
女性労働力	2,753	3,080	327
高齢労働力	493	926	433
外国人労働者	21	173	152

出典：総務省「労働力調査」、厚生労働省「外国人雇用状況」

産を急拡大したこと、だ。

私も著者の指摘は正しいとは思うが、重大な事実を見逃している。それは、第1章でも触れたように、今世紀に入ってから、**日本の生産年齢（15～64歳）人口は大幅に減ったが、労働力人口は逆に増えていることだ。**

データで検証してみよう（図5－1）。

2000年から2021年にかけて、**日本の生産年齢人口は、1187万人も減っている。逆に労働力人口は141万人も増えている。**

その背景には、日本政府が進めてきた4本柱の労働力供給増加政策がある。

1本目の柱は**高齢者の就業促進策**だ。

65歳以上の高齢労働力人口は2000年か

ら2021年の21年間で、433万人も増えている。

2021年4月に改正高年齢者雇用安定法が施行され、企業は70歳までの継続就業の努力義務を課された。言い換えれば、「死ぬまで働き続けなさい」ということになる。

実際、政府の雇用政策研究会が2019年1月に行った労働力需給推計によると、「経済成長と労働参加が進むケース」で、2040年の男性の労働力率は、65～69歳が70・1%、70～74歳が48・1%になっている。これは政府が「7割の男性は70歳まで」、「半数近くは75歳まで働きなさい」と示していることになる。

2本目の柱は**女性の労働力供給を増やすこと**だ。

2000年以降、女性の労働力人口は、327万人増えている。男女共同参画社会の下、政府が女性の労働参加を徹底的に支援してきたからだ。

これにより、男女共同参画は実現したのだろうか。たとえば2000年の女性雇用者のうち、正社員は1077万人で、非正社員は934万人だった。正社員よりも非正社員が少なかったのだ。

ところが2021年には正社員数1233万人となり、2000年よりも減少している。一方で非正社員は1422万人と大きく増加している。つまり、女性の労働力供給は、非正社員を増加させただけと言える。

3本目の柱は、**外国人労働者の増加**だ。

外国人労働者は2000年から2021年にかけて152万人も増えている。その主な理由は、技能実習生が大きく増えたことだ。

そもそも技能実習生は、日本で仕事をしながら技術や技能を学んでもらい、その成果を本国の経済発展に役立ててもらうための制度だ。もちろん、本来の目的を達成するため技能実習生を受け入れている事業所もあるだろう。しかし、多くの事業者が単なる低賃金の労働力として技能実習生を位置付けているのも事実だ。

たとえば、建設現場で資材を運ぶだけ、あるいは1日中サーモンやスケトウダラをさばいているだけ、「技能形成」とは言えない労働がまん延している。

円安や日本での賃金低迷によって外国人労働者が日本に来てくれなくなるという見立てもあるが、それは間違っている。日本とは桁違《けたちが》いに賃金水準の低い途上国はいくらでもあるからだ。実際、2021年はコロナ禍で外国人の入国が厳しく規制されていたものの、外国人労働者数は過去最高を記録しているのだ。

日本政府は生産年齢人口の減少を補うため、国家総動員どころか、「傭兵《ようへい》」まで使って、労働力を増やしてきたのだ。

4本目の柱は、**若年層の労働力を増やすこと**だ。

若年人口が急減しているため、若年労働力人口は減っている。しかし、20〜24歳の労働力率をみると、2012年の68・0%から2021年には75・3%に増加している。親の所得が低迷しているため、学生がアルバイトをせざるを得なくなっているのだろう。

しかも、**4本柱の労働力は、いずれも低賃金労働力だ。**日本の平均賃金が下落するのは当然のことなのだ。

■老後につまらない仕事をするのは時間の無駄

辛坊《しんぼう》治《じ》郎《ろう》さんと私はほぼ同い年なのだが、彼の番組に出演したときに、太平洋を横断したときの話を聞いた。

そのとき、辛坊さんはずっと独りぼっちで過ごした。時間があるので毎日考えて考え抜いたという。その結論は「自分が生きていられる残りの年数はそう長くない。せいぜい十数年。その間、やりたくもないつまらない仕事をするのはあまりに時間の無駄遣いだ。これからは自分がやりたい好きな仕事だけをして生きていこう」ということだった。

私も辛坊さんの結論は正しいと思ったので、お金のための仕事は辞めた。

高齢者は収入を安定させるために仕事がきつくても、たとえば、警備会社のようなところに就職する形をとりがちだが、実は土日も含めた契約になっていることも多く、残業手当も休日出勤手当も出ない。しかも、仕事内容が重労働だから、相当に大変だろう。

みんな老後資金が足りないからと働きに出ようとする。しかし、それでは豊かな老後は過ごせない。

こうした状況を変えるには発想の転換が必要だ。それは何か。

多くの人が東京や大阪などの大都市に住んでいる。**大都市で生活すると生活コストが高くなる。**

たとえば、東京都心部ではワンルームマンションでも7万～9万円、２ＬＤＫともなれば、20万～30万円の家賃が必要になる。住居費だけでもとてつもない負担が生じる。そこで暮らし続けようと思えば、働かざるを得ない。

私の家は埼玉県所沢市の西の外れにあり、入間《いるま》市に近い場所にある。東京都心と自宅周辺を比較すると、実感として自宅のほうが3割程度は物価が安くなっている。

2022年6月に神山典士さんが文春新書で『トカイナカに生きる』を出版され、イベントを開催するとの案内が来たので「いいチャンスだ」と思っておじゃました。

第2章でも触れたが、彼はトカイナカハウスというシェアハウスを作って、東京と2拠点生活をしている。最寄り駅がJR八高《はちこう》線の明覚《みようかく》駅というところなのだが、私の家の近辺よりもさらに自然環境が豊かだ。私の家は東京駅まで行くのに電車に乗っている時間は1時間だが、彼のシェアハウスからは1時間半かかる。所要時間の差はたった30分だが、それが決定的なコストの差を生む。

たとえば、東京都心の住宅地の地価は、坪単価500万円程度はする。それが私の家の近辺では坪50万円になる。神山さんのところは、坪5万円だという。

30分で劇的に生活コストが変わるのだ。坪5万円であれば100坪を買っても500万円しかかからない。私は老後に暮らす家として100坪がよいと言っている。それだけあれば、日当たりのよいところに30坪の畑を確保することができるからだ。

私は、コロナ禍の2年ほどの間に、一人社会実験をしてきた。

それは将来、年金が夫婦で13万円に下がることを想定して、それで暮らせるかを試した

のだ。

実験の結果わかったことは、**自産自消が必要であり、それは可能だということ**だ。食べるものは自分で作る。今、私は60坪の畑で野菜を育てている。スイカを作りたいと考えたので、広い畑が必要になったのだが、それを除けば30坪程度の畑で、夫婦２人が食べていくには十分な野菜が収穫できる。

私の畑では25種類ほどの作物を育てている。たとえばトマト、ミニトマト、キュウリ、ピーマン、キャベツ、レタス、アスパラガス、春菊、ネギ、ニンジン、玉ネギ、ジャガイモ、サツマイモ、サトイモ、ヤーコンイモ、トウモロコシ、インゲン、ゴーヤ……と、食品スーパーで売っているものは、ほとんど作っている。

冬場の野菜と肉や魚は買っているが、野菜を作ることで食費は激減する。おそらく３分の１以下にはなるだろう。

家は築30年以上経っているが、家賃は必要ない。衣料品は先日、家を片付けたら30年前の服がたくさん出てきて、今はそれを着ている。30年経っていてもまったく問題はない。

太陽光発電もしている。家は古く、耐久性に問題があるので、屋根に太陽光パネルを張ることはできないのだが、別の場所で太陽光発電をしているので、電気は買う金額よりも売る金額のほうがずっと大きくなっている。

15畳分ほどの太陽光パネルを屋根につければ、年間の電気代は実質ゼロになるはずだ。そうなれば、電気代も不要になる。

■太陽光パネルは半永久的に発電してくれる

辛坊治郎さんと話をしたときに、太陽光パネルの話題にもなった。辛坊さんはすでに15年ほど続けているそうだ。そこで辛坊さんが確信したのは、「太陽光パネルは半永久的に利用できる」ことだ。

パワコンと呼ばれる直流電流を交流に変える装置は10年程度しか耐久性がないのだが、それを取り換えていけば、太陽光パネル自体はずっと使えるという。実は私も、そうではないかと思っていた。

日本では、太陽光発電を20年以上続けている人はほとんどいない。だから、しっかりした統計はないのだが、私が聞いた範囲では20年以上が経過しても、しっかり発電するそうだ。

もちろん、発電量はゆるやかに落ちていく。でも、発電はしてくれる。唯一の問題は、冬場に発電量が落ちることだ。エアコンで暖房をすると電力が足りなくなる。それを解決するために、私は「薪ストーブにしよう」と言っている。北海道では普通に薪ストーブを使っているが、都心ではできない。ましてやタワマンでは絶対に無理だ。

実は薪ストーブの温室効果ガスの排出は実質ゼロと言える。間伐で出た木を燃やして、そこで再び木が生長するから、CO_2の吸収と排出が相殺される。それでも政府はやらない。なぜなら、大資本、とくに電力会社の利権が侵されるからだ。

日本政府は一応、「2050年カーボンニュートラル」を宣言している。それまでに30年弱しかなく、単純計算で毎年3%ずつは減らしていかなければいけないことになる。しかし、それは簡単なことではない。

■太陽光発電が老後の家計を支える

いま電気料金は上がり続けている。標準的な家庭の場合、東京電力の電気料金は2022年9月に9100円となった。13カ月連続の値上げだ。2021年1月時点では

6317円だったから、4割以上の値上げとなっている。

値上がりの原因は、燃料価格が高騰していることと円安の進行だが、私は電気代が高い最大の原因は電力会社の高コスト体質にあると考えている。たとえば、標準家庭の使用電力量は月260キロワット時だから、1キロワット時当たり35円の電気料金を電力会社に支払っていることになる。一方、事業用太陽光発電の買取単価は1キロワット時当たり10円だから(50キロワット以上の場合)、電力会社は仕入れ価格の3倍以上で電力を売っていることになるのだ。

ただ、視点を変えれば、自分で電気を作ってそれを消費すれば、電力会社から買う電力の3分の1のコストで電気を使えるようになるということだ。

東京都の小《こ》池《いけ》百合《ゆり》子《こ》都知事は、年間2万平米以上の住宅やビルを建築する大手事業者に対して、新築物件への太陽光発電設備設置を義務付ける方針を明らかにした。新築住宅の50%程度が義務化の対象になる。

小池知事は、太陽光発電は、環境対策だけでなく、電気代の節約にもつながるとしている。標準的な戸建て住宅に4キロワットの設備を設置した場合、年間9万3600円の電気代の節約になるという。

一方、設置費用は98万円程度。10年で元が取れる計算だという。また、40万円の補助金を活用すると「６年で元が取れる」としている。

国土交通省も収支シミュレーションを公開している。国土交通省のモデルでは、東京都より、設置費用を２割強程度高く見積もっているため、元を取るには15年が必要という。補助金も考慮されていない。太陽光発電設備設置に対する国の補助金支給は終了しているからだ。

仮に元を取るまでに10年から15年かかるとしても、太陽光発電が節約の大きな手段になると私は考えている。

また、**私は老後の生活設計にも太陽光発電が重要な役割を果たすと考えている。**辛坊さんの話にあったように、太陽光パネル自体は半永久的に使えそうだから、老後生活の重要なパートナーになり得るだろう。

たとえば、定年を機に太陽光発電設備を自宅の屋根に設置する。その後10年間は固定価格買取制度で余剰電力を電力会社に買い取ってもらえる。10年後に固定価格買取期間が終わった後も、電力販売は続けられるが、買取価格は大きく下がる。

ただ、自家消費する分はコストゼロで電気が利用できることになる。家計の大きな助けになるはずだ。加えて蓄電池を設置すれば、余った電力を蓄えておくことで、自家消費の比率を大きく引き上げられる。

蓄電池に対する補助金は、自治体はもちろん国にも残っている。あるいは、電気自動車（EV）を蓄電池として活用することも可能になっている。V2H（ビークルトゥホーム＝Vehicle to Home）と呼ばれるもので、自動車に搭載された蓄電池に溜まっている電力を家庭用電源として利用するシステムだ。

■水の自給は自宅の立地が大きく関わってくる

最終的には水も自給できることが理想だ。ただ、私は、一度チャレンジして大失敗に終わった。私は、自宅を建てるときに水害が心配だったので、ハザードマップをチェックして高台を選んだ。

水を自給するには井戸が必要なので、業者に依頼して調べてもらったところ、わが家の場合は「50メートル掘ると水源があるかもしれないけれど、出る保証はまったくない」との結果だった。

業者は「１００メートル、２００メートル掘るつもりなら試す意味はある」と言ったが、温泉じゃあるまいし、そこまではできない。低地の場合には１メートル掘っただけで井戸になることもあるし、普通の土地でも10メートルも掘れば水は出るそうだが、わが家の場合には断念せざるを得なかった。

井戸があれば生活用水は確保できる。これは災害のときものすごく役に立つ。私の場合は、畑の作物の水まき用に欲しかっただけなのだが、残念な結果に終わった。

このようにして、**自分で野菜を作り、電気を発電して、自給自足を進めていくと年金13万円でも余裕で暮らしていくことができる。**これは東京都心や大阪都心では無理だ。

１００坪の土地があれば、敷地内に畑を作れる。私の場合は自宅から離れた場所に畑があるので、水を運ばなければならない。夏には１回の水まきで１００リットルくらいが必要になる。今は自転車に載せて運んでいるので、夏は地獄となる。すでに３回ほどひっくり返っている。

水の入った容器を上げ下げするだけで死ぬほどつらい。理想は水道の蛇口からホースで水まきができることだ。つまり、自宅に畑があればそれで済む。

そして自宅に太陽光パネルを張っておけば、災害にも強くなる。２０１９年に千葉県を台風が襲ったとき、千葉県白子《しらこ》町《まち》でゼミ合宿を予定していた。台風の影響で広い範囲で停電していたので、中止するしかないと思ったのだが、ホテルに連絡すると、奇跡的にそのホテルだけ電気が来ていた。ホテル側も「どうぞ来てください」とのことだったので、学生と出かけた。

行ってみると、周囲にはもうすごい光景が広がっていた。林の木が真ん中からボキッと折れていたり、家屋の屋根にはブルーシートがかかっていたりする状態。ホテルには復旧工事の応援に全国から来ていた電力会社の社員も泊まっていた。

電力の供給が回復するまでの間、地元の人が何に困ったかと言えば、スマートフォンがすぐバッテリー切れになってしまったことだ。

スマホが使えればラジオを聴くこともできるから情報収集ができる。そこで、太陽光パネルを設置している家に集まってスマホを充電させてもらっていた。**太陽光パネルと蓄電池があれば災害に強い**ことがこのときにわかった。

となると、**理想的な暮らしは、電気を自給、食べ物も自給、できれば水も自給することだ。**それが実現すると生活費は大きく下がる。

コロナ禍でリモートワークが広がった。私自身も今、少なくとも半分の仕事はリモートが可能になっている。

これからさらにリモートの技術が上がっていくだろうし、メタバースが主流になると、会議やラジオ番組などはアバターで集まって、やりとりをすれば済むようになるだろう。職場の近くに住む必要性はどんどんなくなっていく。それによって新しい道が開けるだろう。

■住民税非課税世帯にはメリットしかない

自産自消を進めれば、収入を得るために働く必要がなくなる。年金だけの暮らしが可能になるのだ。そのとき最大の恩恵をもたらすのは、**住民税非課税世帯の地位を得られることだ。**自治体によって年収や家族構成の条件は異なるが、ざっくり言えば年収２００万円強くらいであれば、住民税非課税になる。住民税が非課税であれば、所得税もかからない。社会保険料はかかるが、わずかな金額で済む。

住民税非課税世帯のメリットはありとあらゆるところに及ぶ。たとえば、２０２２年11月に「電力・ガス・食料品等価格高騰緊急支援給付金」が5万円給付された。ところが、支給対象は、原則、住民税非課税世帯のみとなっている。物価高騰の影響は、国民全体が受けているというのに、補償がなされたのは、住民税非課税世帯だけだったのだ。また、この給付金に先立って、２０２２年には、１世帯あたり10万円の「住民税非課税世帯等に対する臨時特別給付金」が、給付されている。もちろん支給対象は、原則、住民税非課税世帯だ。住民税非課税世帯は都合15万円の給付を受けられたことになるのだ。

また、新型コロナウイルスの感染拡大に伴って、政府は、２０２０年3月25日から「緊急小口資金等の特例貸付」を実施した。感染拡大の影響で収入が減少した人を対象に最大20万円の資金を貸し付けることにしたのだ。厚生労働省は同時に、１世帯当たり月に最大20万円を９カ月間にわたって貸し付ける「総合支援資金の特例貸付」も実施した。この２つの資金を使えば、無利子、無担保で計２００万円を借り入れることができたのだ。ところが、これらの特例貸付について、原則、住民税非課税世帯に限っては、返済が免除されたのだ(図5-2)。私は実際に免除決定の通知書をみせてもらったので間違いない。**住民税課税と住民税非課税では、天国と地獄ほどの差があるのだ。**

また、２０１９年10月の消費税率の引き上げに伴って、プレミアム付商品券が販売された。このときのプレミアム付商品券は、最大２万５０００円分の商品券を２万円で購入で

図5－2●「緊急小口資金等の特例貸付」には返済免除あり

〔免除要件と免除上限額〕

資金種類	免除要件	免除上限額	返済開始時期 ※免除とならない場合等
緊急小口資金 令和4年3月末までに申請された分	**令和3年度又は令和4年度が住民税非課税**	**20万円**	**令和5年1月～**
緊急小口資金 令和4年4月以降に申請された分	**令和5年度が住民税非課税**	**20万円**	**令和6年1月～**
総合支援資金（初回貸付分） 令和4年3月末までに申請された分	**令和3年度又は令和4年度が住民税非課税**	**45万円**（単身世帯） **60万円**（2人以上世帯）	**令和5年1月～**
総合支援資金（初回貸付分） 令和4年4月以降に申請された分	**令和5年度が住民税非課税**	**45万円**（単身世帯） **60万円**（2人以上世帯）	**令和6年1月～**
総合支援資金（延長貸付分）	**令和5年度が住民税非課税**	**45万円**（単身世帯） **60万円**（2人以上世帯）	**令和6年1月～**
総合支援資金（再貸付）	**令和6年度が住民税非課税**	**45万円**（単身世帯） **60万円**（2人以上世帯）	**令和7年1月～**

※新型コロナウイルス感染症拡大に伴う特例措置

出典：厚生労働省

きた。このプレミアム付商品券を買うことができたのは、子育て世帯と住民税非課税の人だけだった。

さらに、2014年の消費税率引き上げのときにも、1万円の臨時福祉給付金が支給されたが、このときの対象も住民税非課税の人だった。

■住民税非課税だと負担も小さくなる

住民税非課税だと、たとえば、東京都の場合、シルバーパスを買うときにも優遇が受けられる。東京都のシルバーパスは70歳以上の人が購入できるもので、都営地下鉄、民間のバス会社のバスなどが利用可能だ。2022年度で見ると、①住民税が非課税、②税法上の合計所得が135万円以下の場合は、1000円でシルバーパスが入手できる。一般の場合は2万5510円だから、この差は大きい。

万が一の医療費負担という面でも、住民税非課税世帯は守られている。あまりに大きな医療費負担が家計にかかるのを防ぐため、高額療養費制度というものがあり、1カ月に支払う医療費の自己負担には限度額が設けられている。図5-3は、東京都世田谷《せたがや》区の例だ

図5－3●高額療養費の自己負担限度額

①69歳以下の方

区分		自己負担限度額
ア	**住民税課税世帯** 賦課基準額（注釈1）901万円超の世帯および所得の確認ができない世帯	252,600円＋ （総医療費[10割]-842,000円）×1％ （[140,100円]（注釈2））
イ	**住民税課税世帯** 賦課基準額（注釈1）600万円超901万円以下	167,400円＋ （総医療費[10割]-558,000円）×1％ （[93,000円]（注釈2））
ウ	**住民税課税世帯** 賦課基準額（注釈1）210万円超600万円以下	80,100円＋ （総医療費[10割]-267,000円）×1％ （[44,400円]（注釈2））
エ	**住民税課税世帯** 賦課基準額（注釈1）210万円以下	57,600円 （[44,400円]（注釈2））
オ	**住民税非課税世帯**	35,400円 （[24,600円]（注釈2））

（注釈1）賦課基準額とは、総所得金額等から基礎控除額43万円を差し引いた金額。（注釈2）過去12か月間に4回以上高額療養費に該当した場合の、4回目以降の自己負担限度額。（「多数回該当」）

②70歳～74歳の方（平成30年8月～）

区分	医療費の負担割合	自己負担限度額 外来（個人ごと）	自己負担限度額 入院および世帯の合算
現役並み3 課税所得690万円以上	3割	252,600円 ＋（総医療費[10割]-842,000円）×1％ [140,100円]（注釈3）	
現役並み2 課税所得380万円以上690万円未満		167,400円 ＋（総医療費[10割]-558,000円）×1％ [93,000円]（注釈3）	
現役並み1 課税所得145万円以上380万円未満		80,100円 ＋（総医療費[10割]-267,000円）×1％ [44,400円]（注釈3）	
一般 課税所得145万円未満	2割	18,000円 （年間144,000円が上限）	57,600円 [44,400円]（注釈3）
2（注釈1）		8,000円	24,600円
1（注釈2）		8,000円	15,000円

（注釈1）「2」とは、世帯主および国保加入者全員が住民税非課税世帯の方。

（注釈2）「1」とは、区分「2」のうち、公的年金収入が80万円以下でかつ他の所得がない方。

（注釈3）過去12か月間に4回以上高額療養費に該当した場合の、4回目以降の自己負担限度額。（「多数回該当」）

が、住民税が課税になっただけで、医療費の負担限度は6割も上がるのだ。

ここでも住民税非課税の人は大きく優遇されている。もう1つだけ事例を示そう。図5－4は世田谷区で65歳以上が支払う介護保険料の一覧だ。

住民税非課税世帯は優遇されているが、**少しでも課税になると、負担は大きく上昇し、さらに年収が増えると、とんでもない保険料が取られることがわかるだろう。**

実は、こうした住民税非課税に伴う費用負担の減免は、特別養護老人ホームの利用料とか、介護サービスの自己負担、公営住宅の家賃など、行政にかかわるあらゆる分野に及んでいる。だから、子育て費用の負担がのしかかってくる現役世代のときはともかく、歳を取ったら、住民税が課税されるほど働いては、絶対にいけないのだ。

■都会の暮らしにこだわると自由がなくなる

今後、政府が超重税路線をとったとしても、自産自消していれば、所得税や住民税はおろか、消費税もかからない。**自分で作ったものに消費税はかからないことになっているか**

図5－3●高額療養費の自己負担限度額

〔③血友病等や人工透析を要する慢性腎不全の治療を受けている方〕

年齢	疾病	所得区分		自己負担限度額
			賦課基準額（注釈1）	
69歳まで	人工透析を要する慢性腎不全	住民税課税世帯	賦課基準額（注釈1）600万円超世帯および所得の確認ができない世帯	2万円
			賦課基準額（注釈1）600万円以下世帯	1万円
		住民税非課税世帯		1万円
	その他の特定疾病	住民税課税・非課税世帯		1万円
70歳以上	人工透析を要する慢性腎不全	住民税課税・非課税世帯		1万円
	その他の特定疾病			

（注釈1）賦課基準額とは、総所得金額等から基礎控除額43万円を差し引いた金額。（注意）表3の自己負担限度額の適用を受けるには、事前に申請して交付された「特定疾病療養受療証」を医療機関に提示する必要があります。
出典：世田谷区ホームページ

らだ。所得がないから、社会保険料の料率が上がっても負担が増えない。

さらに住民税非課税世帯の条件を満たす程度に働くのを抑えれば、自由な時間が増える。私は農業そのものがすごく楽しいと思っている。農業は完全に自由だ。何を育てようが、どんな土づくりをしようが自由だし、支柱をどう立てるか、カラス対策をどうするか、虫対策はどうするか、すべて自由に決めて工夫できるので楽しい。

都心の暮らしにこだわっていると、やりたくない仕事も歯を食いしばって延々と続けなければならない。おまけに稼いだカネのほぼ半分を税金と社会保険料で持っていかれて、汲々《きゅうきゅう》として暮らすことになる。

図5－4 ●65歳以上の方（第1号被保険者）の介護保険料

〔世田谷区の介護保険料額（令和3～5年度）〕

保険料段階	対象となる方	年間保険料額
第1段階（基準額×0.3）	●生活保護または中国残留邦人等生活支援給付を受けている方 ●老齢福祉年金を受けている方で本人および世帯全員（注1）が住民税非課税の方	**22,248円**
第2段階（基準額×0.3）	●本人および世帯全員が住民税非課税で、本人の年金収入額（注2）と合計所得金額（注3）（年金に係る雑所得金額を除く）の合計が80万円以下の方	**22,248円**
第3段階（基準額×0.5）	●本人および世帯全員が住民税非課税で、本人の年金収入額と合計所得金額（年金に係る雑所得金額を除く）の合計が80万円を超え120万円以下の方	**37,080円**
第4段階（基準額×0.65）	●本人および世帯全員が住民税非課税で、本人の年金収入額と合計所得金額（年金に係る雑所得金額を除く）の合計が120万円を超える方	**48,204円**
第5段階（基準額×0.85）	●本人が住民税非課税で、本人の年金収入額と合計所得金額（年金に係る雑所得金額を除く）の合計が80万円以下で同一世帯に住民税課税者がいる方	**63,036円**
第6段階（基準額）	●本人が住民税非課税で、本人の年金収入額と合計所得金額（年金に係る雑所得金額を除く）の合計が80万円を超え同一世帯に住民税課税者がいる方	**74,160円**
第7段階（基準額×1.15）	●本人が住民税課税で、合計所得金額が120万円未満の方	**85,284円**

保険料段階	対象となる方	年間保険料額
第8段階 （基準額×1.25）	●本人が住民税課税で、合計所得金額が120万円以上210万円未満の方	**92,700円**
第9段階 （基準額×1.4）	●本人が住民税課税で、合計所得金額が210万円以上320万円未満の方	**103,824円**
第10段階 （基準額×1.6）	●本人が住民税課税で、合計所得金額が320万円以上400万円未満の方	**118,656円**
第11段階 （基準額×1.7）	●本人が住民税課税で、合計所得金額が400万円以上500万円未満の方	**126,072円**
第12段階 （基準額×1.9）	●本人が住民税課税で、合計所得金額が500万円以上700万円未満の方	**140,904円**
第13段階 （基準額×2.3）	●本人が住民税課税で、合計所得金額が700万円以上1,000万円未満の方	**170,568円**
第14段階 （基準額×2.7）	●本人が住民税課税で、合計所得金額が1,000万円以上1,500万円未満の方	**200,232円**
第15段階 （基準額×3.2）	●本人が住民税課税で、合計所得金額が1,500万円以上2,500万円未満の方	**237,312円**
第16段階 （基準額×3.7）	●本人が住民税課税で、合計所得金額が2,500万円以上3,500万円未満の方	**274,392円**
第17段階 （基準額×4.2）	●本人が住民税課税で、合計所得金額が3,500万円以上の方	**311,472円**

(注1)その年度の4月1日時点のもので判断します。年度の途中で65歳になった方や転入した方は資格の取得日で判断します(年度の途中で世帯状況に変更があっても、翌年度まで保険料に変更はありません)。
(注2)老齢(退職)基礎年金・国民年金・厚生年金・共済年金・年金恩給などの年間受給額です。
(注3)収入金額から必要経費に相当する金額を控除した金額のことで、扶養控除や社会保険料控除などの所得控除をする前の金額です。また、分離所得も含まれ、繰越損失がある場合は繰越控除前の金額をいいます。なお、土地建物等の譲渡所得がある場合は、合計所得より特別控除額を除いた金額になります。介護保険料を合計所得金額で算定することは、介護保険法施行令第38条および39条によって規定されています。平成30年度税制改正における給与所得控除・公的年金等控除の10万円引き下げ及び基礎控除の10万円引き上げを踏まえ、給与所得の金額及び公的年金等に係る所得の金額の合計額から10万円を控除します。
出典:世田谷区ホームページ

どちらが幸せだろうか。それを根本に立ち返って考えてみるべきだろう。

私は、住民税非課税世帯になって、ゆったり暮らす場所として「ときがわ町はよいな」と考えている。コロナ禍でキャンプがブームになり、キャンプ場は予約でいっぱいだと聞く。それもいいが、坪5万円で土地を買って家を建てて住む。週に1回程度であれば、東京に出勤するのもさほど負担ではないだろう。

私は前述のように60坪の畑で野菜を育てているが、感じたのは「60坪は限度を超えている」ということだ。スイカを作るために30坪を使っているのだが、スイカを収穫したあとに別のものを作るのは厳しい。スイカを片付けたら来年のスイカの時期まで土を休ませることにして、30坪に集中しようと思っている。

完全な無農薬で育てようと思うと手間がかかるので、30坪くらいがちょうどいい。たとえばキャベツはすぐに虫に食べられてしまうので、網をかける。手間はかかるが、食品スーパーで買うキャベツとは味がまったく違い、大地の味がする。

食品スーパーの野菜にはえぐみがなくなり、味がプレーンになっている。自分で作れば、苦みが強い。鶏肉《とりにく》で言えば、地鶏《じどり》とブロイラーのような違いが野菜にもある。

野菜を育てることはいい運動にもなる。本来、私は野菜が好きではない。それでも自分で育てたものはかわいいから食べる。健康の秘訣《ひけつ》を医者に聞くと口を揃えて言うのは、「野菜中心の食事で適度な運動をすること」だ。自分の畑を持てば、それが簡単に実現できるのだ。

■興味の幅を広げれば人生が楽しくなる

トカイナカ暮らしで時間に余裕ができれば、趣味を楽しむこともできる。私の楽しみの１つは２０１４年10月にオープンした私設博物館だ。「Ｂ級で、ビンボーで、おバカだけれど、ビューティフル」という意味を込めて「Ｂ宝館」と名付けた。

Ｂ宝館には60カテゴリー、12万点のアイテムが展示してある。私が50年以上にわたって収集してきたミニカーやグリコのオマケ、食品パッケージ、ノベルティグッズなどだ。東京国立博物館の所蔵が約10万点であることを考えれば、国家レベルの展示と言える。

有名人のサイン入りグッズも累計６００点を超える。有名人のサインをダジャレとから めてもらうのも私のライフワークの１つになっている。

たとえばビートたけしさんのサイン入りこけし、滝川《たきがわ》クリステルさんのサイン入りクリスタル、久本雅美《ひさもとまさみ》（まちゃみ）さんのサインが入ったイルカの置き物、みうらじゅんさんのサイン入り「ランボルギーニ・ミウラのミニカー」、オードリーさんのサイン入り雄鶏《おんどり》の置き物などなど。

そんなB宝館に林真理子《はやしまりこ》さんが見学に来てくれた。そのとき、私はびっくりした。林さんはミニカーを除くすべての種類の展示にコメントをしてくれたのだ。そんな人はいまだかつて1人もいなかった。多くても2～3種類に興味を示すだけで、それ以上のコメントをする人はいなかったのだ。

林さんのクリエイティビティがどこから来ているかを考えると、興味の幅が広いのだろう。

それぞれの展示について一言コメントできる程度の知識の深さがあるのだから、それだけの興味を持っているということになる。林さん自身もB宝館を楽しんでくれたと思う。

実際にB宝館に来てくれたこと自体も林さんのすごいところだ。仕事で一緒になった芸能人などに博物館の話をすると「絶対行きますからね」と言うのだが、実際に来た人は1人もいない。

しょこたん（中川翔子《なかがわしょうこ》）、さまぁ～ずが仕事で来てくれたがプライベートで来てくれたのは、林さんが初めてだった。その行動力と深い知識は素晴らしいと驚いた。だからこそ、何十年もベストセラー作家を続けていられるのだろう。

■東京や上海はお金のある人だけが楽しい場所

正反対だったのは老人ホームの団体見学者だった。見学に来たご婦人が1人、ポツンと座っていた。私が「具合が悪いのですか？」と聞くと、「この博物館には、見るものが1つもないからね」と言ったのだ。

これもすべてお金と密接に結びついている。たとえば東京ディズニーランドに行くと、誰でも楽しい。それは誰でも楽しめるように作られているからだ。その代わりにお金がかかる。食事まで含めれば、1人当たり、1万数千円が必要だろう。

一方で畑に行って楽しめる人は限られている。たとえばやくみつるさんが畑に行ったら、ものすごく楽しいだろう。なぜなら、虫がいっぱいいるからだ。やくさんは、虫を見ているだけで楽しい。養老孟司《ようろうたけし》先生も同じだ。

つまり、知識や技術がないと楽しめない。多くの人が陥っているのは、東京にいれば誰でも楽しめるという罠《わな》だ。エンタメや飲食店など多くのキラキラしたものが東京にはある。

しかし、楽しむためにはお金がかかる。上海《シャンハイ》の人もまったく同じことを言っていたが、東京や上海などの大都市はお金がある人だけが楽しい街と言える。

畑を楽しもうと思えば技術と知識が必要だ。それは、すぐには身につかない。**言い換えれば「生きる力」とも言えるが、それを身につけていない人はガンガン働いて税金、社会保険料で持っていかれる奴隷生活に陥ってしまう。**

B宝館はまだ採算にはのっていないが、2022年は鳥取県倉吉《くらよし》で行われた展示会などに貸し出しをしたので、その貸出料を含めれば開館8年にしてようやく直接経費が賄えるところまできた。もちろん、人件費はまったく賄えていない。

B宝館の来場者も増えているが、それでも1カ月に100人から150人程度だ。一方で倉吉の円形劇場での展示は、トミカ展だけ、1カ月平均で2000人が来場した。B宝館の10倍以上だ。しかもトミカコレクションの10分の1程度を持っていっているだけだ。

採算がとれるかどうかはともかく、一度きりの人生だから、とにかく楽しむことが大事だと思っている。

悔いが残らないようにするには、やりたいことを思いついたら、何でもとにかく始めてみる。うまくいかなくてもクヨクヨせずに、また新しいことを始めればいい。家族や人様に迷惑をかけないことだけ心がけて、好きなことを思い切りやってみよう。

■個人経営の博物館は節税にはならない

ちなみに個人経営の博物館は節税にはならない。全国各地に著名人やプロスポーツ選手の名を冠した記念館がある。こうした記念館は「節税対策だ」とまことしやかに語られるわけだが、私の経験上、それほど単純な話ではない。

B宝館は1億8000万円をかけてオープンした。家の近くで売り出されていた中古のビルを1億2000万円で購入し、そして6000万円をかけて内装工事と棚の設置をしたのだ。

このうち、土地代は経費にはならない。建物は減価償却費といって徐々に経費に計上することが可能だが、60年間をかけて償却するので毎年の節税額は微々たるものとなる。結果、B宝館は節税になるどころか、帳簿上の資産は増えている。

そもそも入場料やグッズ販売で儲《もう》かるほどの来場者はない。逆に固定資産税や光熱費の支払いは発生するので、常に赤字経営となる。それでも続けているのは、100年後には文化的な価値が認められると信じているからだ。

テレビやラジオで取り上げられたときには、「引き取ってくれる自治体があればいつでもタダであげます」と言ってきた。興味を持った自治体から、これまでに10件ほどの引き合いがあったが、いずれも途中でストップがかかってしまった。

役所の商工観光課は乗り気になるのだが、実現するには議会の承認が必要だ。その段階でNGとなる。

印象派の絵画や人間国宝の陶芸であれば、引き取ってくれる美術館や博物館はあるだろうが、ミニカーや空き缶などを引き取ってくれる自治体はどこにもないのだ。

■「住み開き」なら税金対策になる

いまになって考えれば、家を建てて、その中にB宝館を作るのがよかったと思っている。

B宝館は自宅とは別の場所に中古ビルを購入したため、年間200万円近い固定資産税を支払っているわけだが、固定資産税には特例があり、200平米以下の「小規模住宅用地」は６分の１になる。都市計画税も３分の１に減免される。

また、２００平米以上の「一般住宅用地」は固定資産税が３分の１に、都市計画税は３分の２になる。

『住み開き 増補版』（アサダワタル著、ちくま文庫）には、おもしろいことを実践している人の事例が数多く紹介されている。**自宅の一部をライブハウスやセミナーハウスにしたり、ギャラリーやカフェ、水族館、洞窟《どうくつ》博物館にしたりしている人もいる。**B宝館も住み開きにすれば、余計な固定資産税を負担する必要もなかったわけだ。

コレクションが趣味の人の中には、いずれ博物館を作って公開したいと考えている人も多いだろう。私の経験を踏まえてアドバイスをするなら、「決して採算に乗せようなどという妄想を抱いてはいけない」ということ。

博物館など作っても、税金はしっかり徴収されるし、人件費や光熱費もかかるので儲けなどない。**それでもやりたいなら自宅の一部で「住み開き」をするのがお勧めだ。**

■定年してからでは遅すぎる

なかにはリタイアしたら自給自足の生活をしてみたいと考えている人もいるだろうが、**私のお勧めは現役時代から移住することだ。**リモートワークが普及した今、仕事とトカイナカ暮らしの両立は可能だろう。

地方で暮らすことを推奨する企業も増えている。

たとえばＮＴＴグループは全国どこに住んでも構わないし、ヤフーも同じだ。ここまで先進的な企業は限られているが、産業の中心は今後、そうした企業に移っていくはずだ。だから、**多くの人にトカイナカ暮らしのチャンスがやってくると思う。**

反対に都会でタワマンを買うパワーカップルは、大きなリスクを抱えることになるだろう。目いっぱい住宅ローンを借りて、1億円を超えるような物件を購入しているが、今後金利が上昇したり、タワマンの価格が暴落したりしたら、即座に生活破綻《はたん》だ。

だからこそ発想の転換が必要で、ハナから住民税非課税を目指して豊かな暮らしをするのが、一番賢い選択と言える。一番よくない選択は、都心暮らしにこだわってやりたくない仕事をどんどんやって、疲労困憊《こんぱい》した上に稼いだ金からごっそり税金と社会保険料を持っていかれることだ。

■別荘を欲しがる人を待っている落とし穴

なかには、リゾートに別荘を買って都会と行き来しながら2拠点暮らしを夢見る人もいるだろう。**しかし、別荘には罠が潜んでいる。**

誰もが知る別荘地の1つが軽井沢《かるいざわ》だ。芸能人や経営者には軽井沢に別荘を持っている人が少なくない。高原だから夏は過ごしやすく、ゴルフ場もある。冬は冬でスキーやスノーボードを楽しむこともできる。

新幹線に乗れば、東京駅から1時間ちょっとで着く近さもメリットであるし、何より「軽井沢」という地名はブランド価値も高い。

あるとき、有名芸能人が軽井沢に建てたおしゃれな別荘がテレビで特集されていた。その後にご本人と番組でご一緒したときに「あの別荘はその後、どうなりましたか？」と訊《たず》ねたことがある。

すると「実は、あのロケのあと一度も行ってないの」と言っていた。別荘を買った人が使う平均回数は、生涯を通じて8回しかないという調査結果を見たことがある。

地方に別荘を建てたとしても、結局は年に1回、行くかどうかというオチになりそうだ。

そういう私もかつて別荘を買おうと思ったことがある。

私は2019年まで群馬県の昭和村《しょうわ》に畑を借りて体験農業をしていた。その近くにはバブル期に日立金属が造った別荘の分譲地がある。200坪と広さも十分な別荘地が300万円で売りに出されていたので、妻に「買いたいんだけど」と言ったら猛反対された。

いつも妻は、冷静かつ客観的に物事を俯瞰《ふかん》している。そのときも、別荘など買っても1年に1回、行くかどうかだろう。リフォーム代や固定資産税、水道光熱費の支払いを考えれば割に合わない。それなら、行きたいときに高級ホテルを利用したほうがコスパは高い、そう見抜いていたのだろう。

■越後湯沢の格安リゾートマンションを買った知人の顚末

バブル期に建てられた越後《えちご》湯沢《ゆざわ》のリゾートマンションはタダ同然で売られていたりする。

私の知人もその安さにひかれてタワマンを買った。分譲時には４０００万円以上したタワマンの一室を１５０万円で買い取ったのだ。

「さすがにこれ以上値崩れすることはない」と考えたようだが、その後、数年で50万円まで値下がりしたという。

その理由は維持費がかかりすぎることだ。物件自体はタダ同然にもかかわらず、管理費は毎月数万円がかかったりする。越後湯沢にスキーをしに行くのは年に数えるほどだろう。しかし、タワマンを持っているだけで管理費と固定資産税を垂れ流さなければならないのだ。

別荘の夢を見るくらいであれば、トカイナカ暮らしを真剣に考えたほうがよほど人生を豊かにしてくれるのは間違いない。

■教養を身に付けなければ搾取される

マルクス経済学の教科書に書いてあるが、最初の原始共産制の下ではみんな平等だった。共同で狩りをして、木の実を採る。

それが分化していったのは、農耕が始まってから。何も考えていない人は、その年の生産物をすべて食べてしまう。一方で生産物を残している人、たとえば種もみを残して翌年の生産につなげる人が資本家になっていく。

その資本家の人たちは、翌年どうするか。食うや食わずの人たちを労働者として雇う。そして、その人たちが作ったお米や小麦をごっそり持っていってしまうわけだ。種もみまで食べてしまうからずっと労働者のままなのだ。

私が経済企画庁にいたときに労働者派遣法が成立した。そのときに製造業や建設業には絶対に派遣を認めては駄目だというのがコンセンサスだった。

戦後に口入稼業があった。東京・新大久保《しんおおくぼ》などの公園に日雇い労働者がたくさん集まり、夜明けとともにトラックがやってくる。荷台に労働者を乗せて工場や建設現場に連れていくわけだ。

1日働かせてまたトラックの荷台に乗せて、公園まで帰ってくるわけだが、日当の大部分はピンハネしてしまう。労働者の手に渡るのは2割、3割というひどい状態だった。それでも労働者はわずかなお金を握って酒屋へ行き、焼酎《しょうちゅう》を買ってつまみを買って、飲んだくれて、また次の朝にトラックに乗り込む。

そんな事態は絶対に繰り返してはならないと、「製造業と建設業には派遣労働を認めないでおこう」となっていたわけだ。結局は製造業の派遣労働が解禁されて、同じことが起こってしまった。

２００８年に秋葉原でトラックが交差点を横断中の歩行者に突っ込んだ事件があった。犯人は完成車の自動車工場で働いていたが、派遣切りにあってやけくそになってしまったのだ。そこまで極端ではなくても、今の都心にこだわっていると、生活費が足りなくなってしまって、夫婦でボロボロになるまで働いて、家事の時間がないからコンビニで高い物を買う。

私の事務所の近くに町中華の店がある。そこにお母さんが小さな子どもを連れてきて、晩御飯のおかずをテイクアウトする姿をよく見かける。そうまでして働かなければ、都心の家賃は高くて支払いができないのだと思う。それはどんな人生なんだろうと心配になる。

■富山県舟橋村で豊かな人生を送る人たち

富山県中新川《なかにいかわ》郡舟橋《ふなはし》村は人口3282人（2022年9月1日現在）だ。しかし、30年前と比較すると、人口が倍増している。理由は富山市で働いている会社員が移住してきているからだ。

舟橋村では、村長の方針で畑を細かく区切って、プロ農家の指導つきで村民に貸し出している。さらに大きな図書館を作って、書籍をどんどん貸し出していて、1人当たり貸出冊数は全国の図書館で1位となっている。

舟橋村に大きなホールができたときに呼んでもらって講演をした。300人の定員が満席で立ち見まで出ていた。

つまり、人口の1割以上が来ていたことになる。講演のあとで住民の方々と話をしてみると、すごく内容が深い。経済の話にしても、経済学者と会話しているようなレベルのやりとりができた。

「どうしてそんなに詳しいんですか？」

私が訊ねると、

「だってさ、僕たち本を読んでいるからね」

と言う。

雨が降ったら本を読む、晴れたら畑の世話をする。みんなすごくハッピーなのだ。それができる彼らには教養がある。ディズニーランドや三ツ星レストランもない。しかし、農業もできるし本も読んでいる。だから、十分に幸せに暮らしていけるのだ。

私はこれからさらなる増税地獄がやってくると確信している。その前に自分の生活を守る手段を考えておくべきだろう。

おわりに

私は、今年、２０２２年、65歳を迎えた。当たり前のことだが、同級生も同じで、彼らも60歳の定年から5年が経過したことになる。彼らの動向から、60歳台前半の働き方のパターンが、見えてきた。

一番多いのが、会社を定年で辞めた後、関連会社などで再雇用してもらい、現役時代よりもゆるやかな形で働く人だ。年収は半分ほどに下がるが、生活パターンがさほど変わらないので、現役時代と同じように暮らしている。

次に多いのが、これまでの会社のまま、あるいは別会社に転職して、フルタイマーで働き続けている人だ。年収は一番高く、老けた印象がないのも、彼らの特徴だ。

そして、数としては多くないのだが、定年を機に引退をして、悠々自適の生活を送っている人たちもいる。

最近、同窓会が再び開かれるようになって、同級生に会う機会が増えたのだが、彼らと話すなかで、60歳台前半の暮らしとして、**一番幸せな人生だなと感じるのは、間違いなく定年を機に仕事を引退して、悠々自適の暮らしをしている人たちだ。**

60歳台前半というのは、ほとんど体力の衰えがなく、現役時代と変わらない勢いで、活発に動き回ることができる。だから学生時代にやっていたギターを再び購入して、バンドを組んでライブ活動をしてみたり、現役時代には行けなかったアフリカのような遠い場所への旅行に出かけたり、スポーツを楽しんだりしている。時間があるので、SNS（ソーシャルネットワーキングサービス）での発信が一番多いのも彼らの特徴だ。

ところが、そんな素敵な60歳台前半の悠々自適生活が、今後は難しくなってしまう可能性が高まっている。

社会保障審議会が、**国民年金の保険料納付期間を、これまでの40年間から5年延長して45年間とする案の議論を始めた**からだ。

どうやら2025年からの実施を目論《もくろ》んでいるようだ。この制度改正が実現すると、引退して悠々自適の生活をしている人は、**65歳になるまで国民年金保険料を払い続ける必要**

が出てくる。国民年金保険料は、現在月額1万6590円だから、60歳から65歳を迎えるまでの5年間で支払う保険料は約100万円となる。また配偶者も無職だと、夫婦2人で200万円を支払うことが必要になる。もちろん、その分老後資金を上積みして準備しておけばよいのだが、ただでさえ厳しい老後資金に大きな上積みをするのは、なかなか難しいと言えるだろう。

ただし、65歳に達するまで国民年金保険料を払い続けなければならないのは、無職の人、自営業やフリーランスの人、厚生年金非加入のパートタイマーに限られている。厚生年金に加入するフルタイム労働者は、国民年金を支払う必要がない。厚生年金保険料のなかに国民年金相当分が含まれているからだ。つまり、フルタイマーとして60歳台前半の5年間働き続ければ、新たに国民年金の負担をしなくてよいことになるのだ。

ただ、60歳を超える中高年が、フルタイムの就労先を探すのは容易なことではない。そこで政府はフルタイマーでなくても、厚生年金に加入できるように着々と手を打っている。現在、パートタイマーに厚生年金加入の義務が生じるのは、週所定労働時間が20時間以上で、月額賃金が8万8000円以上である場合になっている。

さらに、もう１つ企業規模の条件があり、現在は１０１人以上の企業に勤める場合のみだ。ただ、２０２４年10月からは、この条件が51人以上の企業へと加入対象が拡大される。そして将来的には企業規模の条件を撤廃する方針を加藤勝信《かとうかつのぶ》厚生労働大臣が明らかにしているのだ。

結局、私は**将来的に大部分の人が月額８万８０００円以上稼ぐ形で65歳まで働くようになるとみている。**時給が１０００円だと仮定すると、月額８万８０００円を稼ぐには週22時間働くことになるから、週３日は出勤しないといけない計算になる。悠々自適の暮らしは、とても難しくなるのだ。

現在、60歳台前半男性の就業率は、83％だ。逆に言えば、17％の人が働かないというライフスタイルを選択していることになる。もちろん働きたい人は働き続ければよいのだが、働かないというライフスタイルの選択を排除するような制度設計は、いかがなものかと私は思っている。

ただ、１つだけ悠々自適の60歳台前半を迎える道が残されている。それは、**夫婦のどちらか１人だけが、８万８０００円以上稼ぐ労働をすればよいのだ。**そうすれば、配偶者は無職でも、第３号被保険者となって、国民年金保険料の支払いを免れることができるのだ。

もちろん、夫婦そろって、悠々自適の暮らしを手に入れることがずっと望ましいことは、間違いない。いままで行けなかった場所に旅行するのも、夫婦そろって出かけたほうがずっと楽しいからだ。

結局、**いまの政府が目指している社会は、国民全員が死ぬまで働き続けて、税金と社会保険料を支払い続ける納税マシンになる社会だ。**インボイス制度も、国民年金保険料の納付期間延長も、その一環だ。大きく税金や社会保険料の網をかけて、そこからは水一滴も漏らさないように厳しい取り立てをしていく。節税はおろか、休むことさえ許さないのだ。

岸田政権は、防衛費倍増の財源として、復興特別所得税から2000億円程度を流用する代わりに、復興特別所得税を課す期間を20年程度延長する方針を示した。また、政府税調では防衛費の財源として消費税率を引き上げるべきとの意見もでたが、「消費税は社会保障財源」としてきた財務省の主張と矛盾するため、採用されなかった。しかし、2023年になって岸田総理が「異次元の少子化対策」を打ち出した。少子化対策は、社会保障の一環だから、今後、消費税率の引き上げが再燃するのは確実だ。つまり、増税地獄は、続くどころか、悪化の一途をたどるのだ。

そうした**重税社会の総仕上げをする最後の手段がマイナンバーカードだろう。**もともとマイナンバーカードの取得は任意だとされてきた。ところが河野《こうの》太郎《たろう》デジタル担当大臣は、健康保険証を廃止して、マイナンバーカードに一本化する方針を明らかにした。そうなったら、マイナンバーカードから逃れることはできなくなる。そうなれば、国民総背番号制度が完成して、税金や社会保険料の徴収漏れを一気になくすことができるようになる。

私は、増税地獄から逃れる方法はたった1つしかないと考えている。それは、**住民税の非課税最大限までしか働かないことだ。もちろんそのためには、移住を含めた徹底的な節約をして、低コストで生きていける生活基盤を作らないといけない。**そして、野菜中心の質素な食事と適度な運動を心がけて、できるだけ長生きする。そうしたライフスタイルに政府はなかなか手を出せない。**節約と健康への課税は、とても困難だからだ。**

付録の童話

お代官様と農民

「本年から年貢の割合を6割とする」

そんなお触書が、突然高札に書かれた。

農民たちは、代官所に詰めかけた。

「そんなことをされたら、我々は生き残っていけません。肥料代や手間賃もあるんです。我々の手許《てもと》には1割も残らなくなってしまいます」

「大丈夫だよ。農地を広げなさい。田んぼの面積を2倍にすれば、収入は減らないだろう」

お上には、逆らえないと、農民たちは荒れ地を開墾して、何とか食べていけるように努力しました。ところが、ようやく食べられる目途がつくと、また年貢の割合を、お上は増やしてくるのです。

新しく開墾した田んぼは、立地がよくないので、どうしても穫《と》れるコメの量は少なくなってしまいます。やがて、農民たちは、食べるものがなくなって、次々に飢え死にしていきました。

そうしたなかで、農民が生き残った集落がありました。彼らは、ほんの少しだけ、田んぼを作り、そこから年貢を払ったのです。もともと量が少ないので、年貢も大したことにはなりません。もちろん、彼らが食べるコメは、ほとんど残りません。

それでは彼らはどうやって生き残ったのか。彼らは山に入って、山菜を採り、罠《わな》を仕掛けてイノシシやシカを獲《と》ったのです。低脂肪、低糖質の食事をしている上に、毎日山を歩き回るので、彼らはとても長生きできるようになりました。

しかし彼らは知りませんでした。お代官様が、山菜税や猪鹿税を準備していることを。

本書で記述した情報、データは２０２２年12月中旬時点のものです。特に表示のない月日は、２０２２年のものです。税金や社会保険の制度改正などの動きにご注意ください。

図版制作　國分陽
編集協力　ナフル

森永卓郎（もりなが・たくろう）

1957年7月12日生まれ。東京都出身。経済アナリスト、獨協大学経済学部教授。東京大学経済学部卒業。日本専売公社、経済企画庁、UFJ総合研究所などを経て現職。主な著書に『長生き地獄　資産尽き、狂ったマネープランへの処方箋』『なぜ日本経済は後手に回るのか』『なぜ日本だけが成長できないのか』『親子ゼニ問答（森永康平氏との共著）』（角川新書）、『相続地獄　残った家族が困らない終活入門』（光文社新書）、『年収200万円でもたのしく暮らせます』（PHPビジネス新書）など。『年収300万円時代を生き抜く経済学』（光文社）では、“年収300万円時代”の到来をいち早く予測した。執筆のほか、テレビやラジオ、雑誌、講演などでも活躍中。50年間集めてきたコレクションを展示するB宝館が話題に（所在地：埼玉県所沢市けやき台2-32-5）。

B宝館オフィシャルサイト

http://www.ab.cyberhome.ne.jp/~morinaga/

増税《ぞうぜい》地獄《じごく》

増負担時代《ぞうふたんじだい》を生《い》き抜《ぬ》く経済学《けいざいがく》

森永卓郎《もりながたくろう》

2023年 2月10日　初版発行
2024年11月15日　6版発行

発行者　山下直久
発　行　株式会社KADOKAWA
〒102-8177　東京都千代田区富士見2-13-3
電話　0570-002-301(ナビダイヤル)

装丁者　緒方修一（ラーフイン・ワークショップ）
ロゴデザイン　good design company
オビデザイン　Zapp!　白金正之
印刷所　株式会社KADOKAWA
製本所　株式会社KADOKAWA

角川新書

 ISBN978-4-04-082455-0 C0233

KADOKAWAの新書 好評既刊

「自傷的自己愛」の精神分析
斎藤 環

「自分には生きている価値がない」「ブサイクだから異性にモテない」。自分のことばかり考え、言葉で自分を傷つける人が増えている。「自分が嫌い」をこじらせてしまった人たちの深層心理に、ひきこもり専門医である精神科医が迫る。

バカにつける薬はない
池田清彦

科学的事実を歪曲した地球温暖化の人為的影響や健康診断、きれいごとばかりのSDGｓや教育改革——自称「過激リバタリアン」の人気生物学者が、騙され続ける日本（人）に老い先短い気楽さで物申す、深くてためになる秀逸なエッセイ。

日本の思想家入門
「揺れる世界」を哲学するための羅針盤
小川仁志

混迷の時代に何を指針とするか。パンデミック時代の救世主・親鸞から、不安を可能性に変えた西田幾多郎、市民社会の父・丸山眞男まで——偉人達の言葉が羅針盤になる。いま知るべき日本の思想を、現代の重要課題別に俯瞰する決定版。

ドゥテルテ
強権大統領はいかに国を変えたか
石山永一郎

「抵抗する者はその場で殺せ」。麻薬撲滅戦争で6000人以上殺す一方で、治安改善・汚職解消・経済発展を成し遂げ、国民の78％が満足と回答。なぜ強権的指導者が歓迎されるのか？　現地に在住した記者が綴る、フィリピンの実像。

海軍戦争検討会議記録
太平洋戦争開戦の経緯
新名丈夫 編

敗戦間もない1945年12月から翌年1月にかけて、生き残った日本海軍最高首脳者による、極秘の戦争検討会議が行われていた。東條を批判した「竹槍事件」の記者が30年以上秘蔵した後に公開した一級資料、復刊！　解説・戸高一成